EL ENEMIGO INVISIBLE

Copyright © Doctor Gustavo León, 2016
DrLeonGustavo@hotmail.com
Edición y revisión: Luis Agüero

Diseño de cubierta y páginas interiores:
Luis G. Fresquet
www.fresquetart.com
luisgfresq@gmail.com

ISBN-13: 978-1533048622
ISBN-10: 1533048622

Está prohibida la reproducción total o parcial de los textos del libro sin la autorización del autor.

Todas imágenes utilizadas en el libro son fotocopias de fotos publicadas en diarios, periódicos, revistas y boletines de uso público.

Todos los derechos reservados. Doctor Gustavo León, 2016

Doctor Gustavo León

La cita con la historia

EL ENEMIGO INVISIBLE

La infiltración comunista desde Cuba en América Latina y el Caribe: 1925-2015

A Mónica, que siempre ha estado a mi lado.

A mis hijos.

Índice

11 Presentación mínima

I
13 Conocer al contrario, primer requisito para enfrentarlo

II
21 Breve itinerario de nuestro comunismo insular

III
33 Cuba interviene en crisis de los comunistas colombianos

IV
43 La social democracia auténtica vs. el stalinismo criollo

V
53 Nuevo socialismo: máscara actual del mismo enemigo

VI
65 ¿Quién mató a Julio Antonio Mella?

VII
77 Tras los idus de marzo…10 de 1952

VIII
91 Democracia para uso exclusivo de USA

IX
101 El poderoso encanto del proletariado

X
111 Una manzana podrida es suficiente

XI
123 El jarabe de la justicia social, remedio infalible

XII
133 Con los ojos vendados

XIII
139 Hombres sin nombres en las sombras

	XIV	
151	Tres "amigos" de Cuba: Allende, Frei Betto y García Márquez	
	XV	
159	Derechos humanos en la social democracia cubana	
	XVI	
167	Si esto es hoy, ¿qué nos espera mañana?	
	XVII	
175	El enemigo aquí y ahora	
	XVIII	
187	Una tumba sin sosiego	
	XIX	
195	En las mismas narices del exilio histórico	
	XX	
205	La ruta Moscú-La Habana y el comunismo internacional	
	XXI	
215	Un problema de nomenclatura	
	XXII	
223	No hay peor cuña que la del mismo palo	
	XXIII	
235	Embargo o acercamiento	
	XXIV	
247	La nueva clase del castrismo	
255	Fuentes	

Presentación mínima

He decidido ser yo quien escriba esta especie de prólogo, basado en mi determinación de hacerlo corto y al grano.

En primer lugar, es un reconocimiento a mis padres Gustavo y Graciela, y a todos aquellos que me formaron en mi hogar y me enseñaron los valiosos principios que he practicado. Tengo la seguridad de que también les sirva a mis seis hijos y que aprendan de su padre y de los que los precedieron esos mismos valores.

No podría dejar de mencionar aquí a mi amiga y mentora Martha Flores, quien me ha enseñado con su ejemplo cómo se debe realizar un programa radial que además de resultar entretenido sirva para ayudarnos a meditar acerca de nuestras actitudes políticas. Algunos de los textos incluidos en este libro proceden de intervenciones mías en su exitoso programa "La noche y usted", que se trasmite por la emisora Radio Mambí.

En este primer tomo de la serie que he titulado "La cita con la historia", como se llama mi programa radial que cada sábado sale al aire también por Radio Mambí, he recogido las opiniones expuestas en el mismo con la intención de denunciar con amplia sinceridad a los enemigos de nuestra sociedad, mostrando el camino a los que me sigan y sobre todo a la juventud, para que aparten de sí ideas tan mezquinas como las comunistas y apoyen con el mayor respeto, decisión y amor a la democracia bien entendida.

He decidido no incluir una bibliografía extensa, sino algunas de las fuentes que me han servido para escribir este libro, que en realidad es una narración de lo que he conservado en mi memoria acerca de las infiltración de las ideas comunistas en nuestra isla y en el resto de los países latinoamericanos.

Espero que este primer tomo de la serie "La cita con la historia", y que los siguientes que la continúen y completen, sirva o ayude en algo para edficiar una sociedad mejor.

Gustavo León

Julio Antonio Mella
Stalin
Fabio Grobart
León Trotsky

Conocer al contrario, primer requisito para enfrentarlo

Si algo es de suma importancia para los que integran una determinada sociedad es conocer a fondo su historia, el trayecto que ha seguido a través de los años, su metodología y el desarrollo social, político y económico que ha experimentado la misma; pero incluso más que todo lo expuesto, resulta imprescindible que aquéllos que valoran dicha sociedad conozcan en toda su dimensión la labor de zapa de quienes se enfrentan a ella de manera taimada, sus actitudes y maniobras en pos de lograr su propósito, la estrategia oculta de las personas que no piensan de la misma manera. O sea, lo que algunos llaman conocer bien al enemigo.

Nosotros, los cubanos que hemos creído, vivido y defendido la democracia, los que estimamos que es el mejor sistema de gobierno a pesar de sus errores, no hemos sido muy eficaces en detectar a tiempo a nuestros verdaderos enemigos. Esa es una de las razones –si no la más importante, o al menos la primera– de que en nuestra isla se haya instalado una dictadura que supera ya el medio siglo de permanencia. Lo peor de tal situación es que la influencia de estas ideas se ha ido extendiendo peligrosamente y en la actualidad no solamente afecta a Cuba, sino a gran parte de Centro y Sur América y el Caribe. Una avanzada de veneno que ya es hora de detener, aunque parezca a primera vista demasiado tarde.

El objetivo fundamental de este libro es, precisamente, hacer un llamado urgente para analizar con mayor profundidad y perspicacia lo que está ocurriendo desde el punto de vista político en nuestra región y descubrir el verdadero rostro de nuestro enemigo invisible, a lo cual debe su título.

Creo que podría ser un ejercicio muy saludable, ya que estimo es el medio más efectivo para que en el futuro no reincidamos en los errores del pasado que de hecho nos están golpeando tan duro hoy en día

Después de haber consultado muchos libros de especialistas sobre el tema e incluso debatir opiniones con algunos que fueron testigos de este lamentable proceso, he llegado a la conclusión −y lo señalo hasta de manera cándida, si es que se puede calificar de ese modo− que este movimiento en contra de la democracia tuvo su inicio en la República de Cuba a partir de que se creó la primera organización política comunista en nuestro país, lo cual no significa que intente mermar la importancia que han tenido otros países del área dentro del desarrollo de esas ideas en el subcontinente americano. En ese sentido, insisto en que fueron los comunistas cubanos quienes lideraron ese proceso; y más aún, fue también desde nuestra isla que durante años se esparció el virus del comunismo por el resto de la América nuestra. No hace falta más que revisar los hechos para comprobar esa verdad.

En Cuba, el movimiento de la izquierda radical comenzó hace muchos años, en 1925 en específico, con la creación del primer Partido Comunista de Cuba, cuyas dos figuras más prominentes fueron Carlos Baliño y Julio Antonio Mella… Su verdadero organizador y artífice, sin embargo, se llamó Fabio Grobart, el único hombre que ha sido un dirigente de especial importancia en todas las versiones de los partidos políticos de los comunistas cubanos: éste primero al que he hecho referencia, el que más tarde adoptó el nombre de Unión Revolucionaria Comunista, el Partido Socialista Popular y el de más reciente fundación que rescató de nuevo el uso de la palabra comunista y responde de nuevo al nombre original de Partido Comunista de Cuba. Grobart ha sido, por tanto y durante largo tiempo, una figura clave en el desarrollo de las ideas de la extrema izquierda en la isla de Cuba y en toda la América nuestra, especialmente en la zona del Caribe. Me parece de máxima utilidad dejar aclarado que este señor fue un destacado agente de la GPU, una de las divisiones más exclusivas de los servicios secretos de la Unión Soviética con respecto a los muchos crímenes políticos ordenados por Stalin, en particular con la ejecución del líder disidente León Trosky, a quien los stalinistas le endilgaron el calificativo de renegado.

Al igual que en el partido inicial de los comunistas cubanos, Grobart permaneció en un bajo perfil cuando se fundó y legalizó en 1938 el Partido Socialista Popular, donde aparecía como presidente de su Comité Ejecutivo el doctor Juan Marinello Vidaurrueta, el ideólogo más destacado que tuvo fue en mi opinión Carlos Rafael Rodríguez y el hombre que posiblemente tenía el control más férreo de la organización y el que mantuvo mayor ejecutoria dentro de la misma se llamó Blas Roca Calderío. Estas tres figuras, con más o menos relevancia, han estado presentes en el itinerario de las ideas marxistas-leninistas desde entonces hasta su muerte, al igual que el propio Fabio Grobart. Una permanencia tan extensa e influyente de comunistas de antigua trayectoria en el régimen de Fidel Castro desde su mismo inicio en 1959, o incluso antes, pone de manifiesto la labor tan persistente, habilidosa y paciente que han venido realizando desde hace años estos señores en pos del ideario comunista en Cuba, que casi de inmediato comenzó a invadir a muchos de los otros pueblos hermanos de la región.

La indagación que he venido realizando en el desarrollo de ese proceso, ha llegado ahora a un extremo curioso e impensable con la pasmosa –no encuentro otro adjetivo mejor para calificarla– noticia de que Cuba ya no es un país terrorista, de que el propio gobierno de USA lo ha retirado de la exclusiva lista de países terroristas que aún campean por el mundo... Increíble que una de las dictaduras más longevas del planeta, cuyo expediente de atrocidades cuenta con un saldo increíble de crímenes y violaciones de los más elementales derechos humanos, que ha practicado impunemente el terrorismo de estado e inoculado el virus de la violencia en Centro y Sur América y el Caribe, todavía en estos mismos momentos, reciba de repente esta dádiva de perdón de quien el propio régimen cubano ha considerado desde hace tanto tiempo su enemigo histórico más emblemático.

Resulta muy interesante que, a pesar de que el comunismo, desde luego, no nació en Cuba, sí creo que no haya duda alguna con relación a que el comunismo caribeño sí nació en nuestra isla, y que más adelante se esparció por Centro y Sur América. Y considero que hasta se podría añadir que es justamente por eso mismo que incluso ahora no logramos entender con la claridad necesaria lo que ha sucedido en ese sentido y que nos es preciso continuar escarbando mucho más hondo acerca de esta desastrosa cadena de iniquidades. Sólo así podríamos analizar con seriedad lo que yo considero que es poner en práctica una ideología malsana de la manera más inteligente, como lo ha logrado hacer la dirigencia comunista cubana, para desentrañar la nefasta influencia de esas doctrinas en nuestro propio pueblo y en el ámbito latinoamericano.

Habría que empezar detallando la influencia del activismo comunista proveniente de Cuba y, sobre todo, los múltiples actos de terrorismo de estado que nuestra pequeña isla ha desatado no solamente en América Latina sino además en otros países mucho más lejanos a las costas cubanas, y que han anegado con la sangre de cientos de miles de hombres, mujeres, niños y ancianos un auténtico aquelarre de miseria, horror y desamparo por cualquier sitio del planeta.

Para comenzar a desbrozar este tupido monte de yerba mala es imprescindible recurrir a su inicio, a su misma génesis, deteniéndose aunque sea someramente en cada uno de sus escaños claves. Solamente analizando los hechos acontecidos, el devenir de su propia historia, seremos capaces no solamente de entender el daño que ha significado la doctrina marxista-leninista para nosotros y para todos los demás pueblos que aspiran a vivir en democracia, sino además la posibilidad de aplicarle un detente para que no se repita en el futuro.

Breve itinerario de nuestro comunismo insular

La primera organización partidista con ideología francamente marxista-leninista nace para los cubanos en 1925 (16 de agosto, para mayor exactitud), en una casona ubicada en la calle Calzada 81 en el reparto El Vedado, que en la actualidad ocupa la sala teatral Húbert de Blanck. Se llamó Partido Comunista de Cuba, como señalé con anterioridad; en realidad, este partido inicial tuvo una vida efímera y clandestina desde sus mismos inicios. Entre los hombres que lo crearon, organizaron e integraron, además de Baliño, Mella y Grobart, ya citados, destacaban José Miguel Pérez, dominicano y su primer secretario general, los cubanos Alfonso Bernal del Riesgo y Ángel Ramón Ruíz y los venezolanos Pío Tamayo y Gustavo Machado, la mayoría de ellos procedentes de las llamadas Agrupaciones Comunistas, así como del Ala Izquierda y el Directorio Estudiantil antes de 1930 y del movimiento anarco-sindicalista, donde se nuclearon aquéllos que desde algún tiempo atrás mostraban tendencias socialistas de muy diversas denominaciones. Un elemento a destacar en esta primera organización de los comunistas cubanos es que estaba afiliada a la Tercera Internacional, creada por Vladimir Ilich Lenin en 1919, lo cual le otorgaba cierta preponderancia.

La procedencia, las edades e incluso las nacionalidades de estos comunistas iniciáticos eran muy heterodoxa. Valga nada más mencionar al muy joven estudiante universitario Julio Antonio Mella junto a Carlos Baliño, tras los cuales maniobraba Yunger Semiovich, uno de los muchos alias que usó Fabio Grobart, representante entonces de las Agrupaciones Comunistas por la Sección Hebrea, motivo por el cual también era conocido como *el Polaco*. Por otra parte, la mayoría de estos hombres era poco ilustrada en la doctrina marxista-leninista, se trataba más bien de los llamados comunistas de corazón, emocionales, razón que motivó a la organización para crear la Universidad Popular José Martí, de carácter obligatorio para todos sus militantes y de la que se ocupó principalmente Mella, tomando de modelo la Universidad Popular González Prada fundada por Haya de la Torre en Perú.

Los factores mencionados hicieron posible que el entonces presidente de la isla, general Gerardo Machado y Morales, desmantelara con extrema rapidez al primer Partido Comunista de Cuba, ejerciendo sobre sus integrantes un constante acoso que incluyó la expulsión del país de su secretario general José Miguel Pérez como "extranjero indeseable" y la persecución como terrorista a Julio Antonio que finalmente lo obligó a exiliarse en México.

En 1926, a apenas un año de creado, el comunismo en Cuba pasó a la más absoluta clandestinidad. Un año más tarde, en 1927, un brillante poeta, escritor y abogado llamado Rubén Martínez Villena, aún de manera más o menos subrepticia y sin ocupar nunca el cargo de secretario general del partido, logró de algún modo rescatar la organización fungiendo como asesor de la Confederación Nacional Obrera de Cuba (CNOC).

Mella y Martínez Villena tenían pensamientos y personalidades muy diferentes, pues uno era el orador de barricada, de lucha agresiva, y el otro era un ideólogo, que manejaba aquellas ideas de una manera más intelectual. De todos modos, Rubén, junto a Marinello, actuó como abogado defensor de Julio Antonio cuando fue preso durante la crisis universitaria, pero no hay duda de que representan dos vertientes bien opuestas del comunismo cubano. Es sabido incluso que Martínez Villena le recriminó a Mella su célebre huelga de hambre, en primer lugar porque el mismo partido no apoyaba ese tipo de acciones, no creía en esos métodos de protesta, como más tarde tampoco apoyaron hechos de sangre que ellos no manejaran directamente. Con el tiempo se hizo más evidente esta posición de los comunistas cubanos, que criticaron acciones como el asalto al Cuartel Moncada o el ataque al Palacio Presidencial, calificándolas de golpes puchistas.

Desde muy al principio era obvio que controlar el sector proletario era uno de los objetivos primordiales del comunismo en la isla, o con más exactitud la prioridad mayor de su plan de acción. Y no se puede negar que en ese sentido resultaron altamente exitosos, empeño que culminó con la creación de la Confederación de Trabajadores de Cuba (CTC) bajo la dirección de Lázaro Peña, sin duda el líder más importante del movimiento obrero cubano y probablemente del resto de América Latina. Antes de fundada la CTC, que marcó el pico más alto de la influencia marxista-leninista –o ya absolutamente stalinista en la política nacional cubana– el Partido Comunista de Cuba transitó por varias etapas con muy diferentes resultados: la muerte de Baliño, el asesinato de Julio Antonio Mella en Ciudad México y el fallecimiento de Martínez Villena víctima de la tuberculosis diezmaron el liderazgo de la organización, donde casi de inmediato emergieron figuras como Juan Marinello, Blas Roca, Carlos Rafael Rodríguez, César Vidal, Lázaro Peña y los hermanos Escalante (Aníbal y César), por no hacer muy extensa la lista, que prosiguieron la tarea de propagar en el pueblo el ideario comunista; en 1937 se produjo el primer cambio de nombre en el partido que ha nucleado desde su inicio a los comunistas cubanos y surge la Unión Revolucionaria Comunista, entre cuyos fundadores también aparece Fabio Grobart y que estaba presidida por Marinello, organización que bajo ese nombre integró la Coalición Socialista Democrática que le dio a Fulgencio Batista y Zaldívar la oportunidad única de resultar electo presidente de la nación en 1940 por votación popular, a pesar de que muchos consideran que dichas elecciones fueron apañadas o al menos sospechosas tras el retraimiento del candidato del Partido Auténtico, doctor Ramón Grau San Martín; este ciclo llega a su clímax con la legalización oficial del comunismo en Cuba, en 1938, de nuevo con otro cambio de nombre, pues a partir de entonces la organización se llamó Partido Socialista Popular (PSP), identificación que mantuvo hasta 1962 al formar parte de las Organizaciones Revolucionarias Integradas (ORI), que incluían al Movimiento 26 de Julio, el Directorio Revolucionario 13 de Marzo y desde luego al PSP, aunque en realidad se mantuvo bajo el control de los comunistas liderada por Aníbal Escalante hasta que el propio Fidel Castro separó abruptamente a Escalante de la cúpula revolucionaria dirigente y prácticamente le impuso un helado exilio en la Unión Soviética acusándolo de crear una micro fracción en las ORI, que se promocionaban por ese tiempo con el reclamo de una suerte de conguita populista que afirmaba: "No le diga ORI, dígale candela. ¡La ORI, la ORI, la ORI es la candela!"… Por ser el Partido Socialista Popular el de más extensa y fructífera trayectoria en el devenir del comunismo en Cuba, entiendo que es necesario analizar por separado los eventos políticos que se estaban produciendo en el mundo en la época en que el PSP fue legalizado en Cuba y que contribuyeron en gran medida al fortalecimiento de la doctrina marxista-leninista en la isla.

Con fecha entre noviembre 28 y diciembre 1 de 1943 se efectuó en Teherán (en esa época Persia y en la actualidad Irán) la primera conferencia que reunió a los llamados "tres grandes", Franklyn Delano Rooselvert, Winston Churchill y Ioseph Stalin, los hombres que regían los destinos de los Estados Unidos de América, el Reino Unido y la Unión de Repúblicas Socialistas Soviéticas, respectivamente, los tres países más poderosos que enfrentaban lo que se conoció como "el Eje fascista", integrado por Alemania, Italia y Japón. Earl Browdin, secretario general del Partido Comunista norteamericano, teniendo muy presente la presencia de Stalin en la Conferencia de Teherán, aprovechó la ocasión para afirmar que era el momento de unir fuerzas para combatir al enemigo común, el nacional-socialismo alemán, el fascismo italiano y el imperio japonés del sol naciente, consolidados en las figuras de Adolf Hitler, Benito Mussolini e Hiro-Hito, el único de ellos que sobrevivió tras el fin de la Segunda Guerra Mundial y falleció en 1989 con el nombre de

Showá Tennó. Por su parte, también con igual propósito, el secretario general de las organizaciones comunistas en Cuba desde 1934 hasta 1962, Blas Roca, declaraba en La Habana que los comunistas cubanos no estaban en "contra del pueblo norteamericano sino del imperialismo yanqui". El escenario internacional, pues, se hacía propicio para que por primera vez el ideario marxista-leninista, ya en este caso abiertamente stalinista, comenzaran a tener un peso específico en la isla.

Me interesa mucho subrayar ese hecho porque el trabajo que se hizo en pos de la preparación y la unificación del movimiento obrero, que ya tenía antecedentes socialistas, anarquistas y anarco-sindicalistas, sirvió de caldo de cultivo para la solidificación final de ese primer partido comunista que fue legalizado en Cuba. En ese sentido, la tarea más importante la llevó a cabo la CTC, siendo su máximo líder Lázaro Peña, como he señalado con anterioridad. Y vale añadir que Cuba fue desde entonces un elemento clave en este período, pues incluso el renombrado dirigente sindical Vicente Lombardo Toledano, presidente de la Confederación de Trabajadores de América Latina, prácticamente la pelvis del movimiento obrero latinoamericano –junto a la Federación Mundial de Obreros, por supuesto, cuya extracción y procedimientos eran también decididamente comunistas–, consideraba que era de capital importancia compartir sus inquietudes con alguien como Lázaro Peña, o más bien hasta ponderar en grado sumo sus opiniones. Gracias a ello, Peña devino por esa época una de las figuras más renombradas del movimiento proletario mundial, lo que estaba avalado por su indudable inteligencia y habilidad para manejarse en dichas lides.

Desde que en 1925 se funda el primer Partido Comunista en Cuba, en lo que es todavía el marco de la Tercera Internacional, con gran influencia leninista, desde luego, y con una finalidad muy particular, pues marca el inicio de un movimiento de izquierda radical que entra al país por vía extramuros, como me gustaría definirlo, para después establecer sus ramificaciones hacia el resto de América Latina. Se trataba de un ejercicio político con el propósito de solidificar las ideas comunistas en lo que era Cuba en aquel momento, para más tarde influir en Centro y Sur América y el Caribe.

Fabio Grobart, ese polaco judío a quien he hecho referencia en varias ocasiones y que aparece en esta historia con múltiples nombres además de los ya señalados, entre ellos los de Antonio Blanco y Abraham Simjovich, fue el escogido para asumir el cargo de delegado de la Tercera Internacional Comunista para el área del Caribe. Y fue precisamente el Comité Central de ese partido comunista cubano el que procedió a toda la exportación de las referidas ideas al resto de nuestra América, ideas venenosas que ejercieron un control metodológicamente estudiado sobre las clases obreras en primer lugar, y después sobre otras de las llamadas organizaciones de masas, como los movimientos estudiantiles y feministas. El objetivo primordial de la embestida comunista era sembrar la duda entre las clases más desvalidas de los países que mantenían gobiernos democráticos, promoviendo la destrucción del capital y la propiedad privada, de las inversiones extranjeras, del desarrollo industrial en beneficio no sólo de los que sudan, lo que es muy justo, sino también de los que ponen el dinero para que dichas empresas prosperen, tan justo como lo anterior porque ellos son en definitiva sus legítimos dueños.

Es de sobra conocido que ningún Comité Central de ningún partido comunista del área del Caribe podía adoptar el más mínimo acuerdo sin que fuera aprobado y bendecido por Grobart. Y ese requisito le había sido donado al polaco devenido cubano a través de Moscú, o más directamente desde Moscú, pues Fabio Grobart era prácticamente el trasmisor, el vaso comunicante entre Moscú y La Habana, lo cual convertía a la capital de la isla de Cuba en el puente fundamental de la influencia comunista en la región, el motor que echaba a andar el desarrollo de estas doctrinas en el Caribe y, por supuesto, en el resto de Latinoamérica.

Si analizamos con cuidado este proceso advertimos que todos los partidos comunistas del área se desarrollaron en base a condiciones muy específicas. Durante mucho tiempo nos inculcaron la idea –y hasta convencieron a muchos –de que los movimientos revolucionarios en nuestro país habían nacido del estudiantado, de las luchas intestinas y los reclamos genuinos de la libertad universitaria, por la autonomía universitaria; y que ese movimiento estudiantil le había dado paso a otro, que podría definirse en ese momento como leninista y tenía la capacidad de controlar y también de hallar soluciones políticas, muchas de ellas que desembocaron en dictaduras o en regímenes que aceptaban cierto tipo de injerencia exterior. Pero habría que ver cuáles eran los verdaderos errores que se produjeron en esa etapa para insistir sobre ellos, pues después de estudiar mucho el proceso y de consultar a muchos autores, me cuesta trabajo aceptar que las condiciones específicas de lo ocurrido durante la década del 30 se referían a una serie de verdaderas discusiones sobre la temática de Cuba. Los cortes económicos con la presencia de dictaduras e injerencia foránea, como se apuntó antes, habían provocado este tipo de siembras para que creciera la yerba de la miseria y en Cuba se estrenara este estudio comunista en el Caribe y en el resto de América Latina de manera muy inteligente y sin duda científica para el desarrollo del mismo. Un detalle extra a añadir al respecto es que la Unión Internacional Comunista en ese momento estaba ubicada en La Habana.

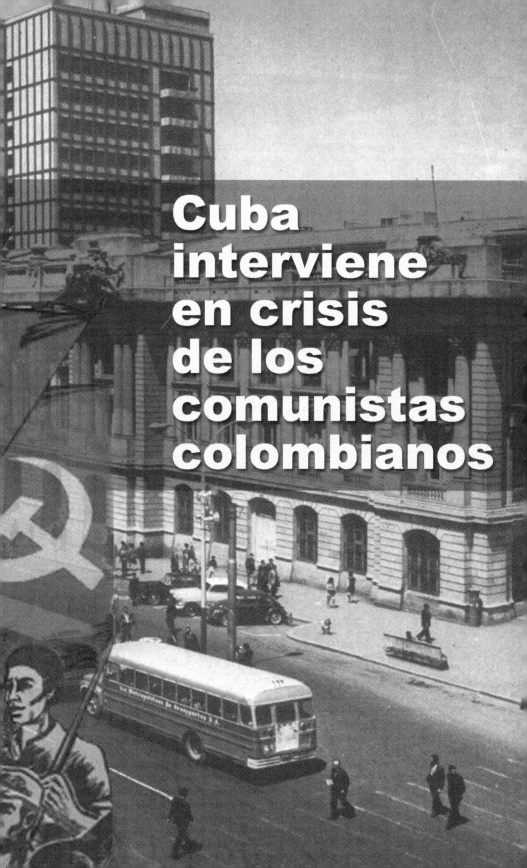

Cuba interviene en crisis de los comunistas colombianos

El brillante y muy eficiente trabajo que realizaron para Moscú en América Latina los hombres que integraron las diferentes organizaciones comunistas cubanas se puso de manifiesto de manera bien clara a comienzos de la década de 1940, cuando se produjo una aguda crisis en el Partido Comunista de Colombia que prácticamente lo dividió en dos fracciones: una que representaba su máximo dirigente entonces, Gilberto Viera; y la otra liderada por Tomás Eraso, quien ocupaba el cargo de secretario general de la Confederación de Trabajadores de dicho país. Eraso, que más tarde se apartó del marxismo-leninismo, tuvo un choque frontal con Viera, exponente de la línea ortodoxa del partido, enfrentamiento que puso en peligro incluso la existencia misma de la organización.

La disputa de los colombianos, desde luego, no pasó inadvertida para los que manejaban los movimientos del comunismo internacional, y de hecho tampoco para Cuba, que en definitiva tuvo una participación muy importante en estos sucesos. De inmediato el Comintern –organismo que sucedió a la Tercera Internacional que fundara Lenin– activó a su agente Fabio Grobart para que enviara con toda urgencia a Colombia un mediador, o más bien un interventor, que pusiera fin al conflicto. Ese hombre fue Carlos Rafael Rodríguez. Existen testimonios de que Grobart, reunido en sesión extraordinaria con el resto del Comité Central de la organización, escogió a Carlos Rafael para esa misión por considerarlo, como sin duda lo fue, uno de los más destacados ideólogos del comunismo insular.

Mucho tiempo después, en 1958, Rodríguez también fue escogido para incorporarse a las guerrillas de Fidel Castro en la Sierra Maestra y apenas un par de años más tarde comenzó a ocupar altos cargos en el régimen castrista hasta el mismo día de su muerte. Algunos afirman que el que designó a Carlos Rafael como representante del marxismo-leninismo dentro del movimiento insurreccional fue Osvaldo Sánchez Cabrera, un viejo militante comunista, conocido por el apodo de *la Bestia Roja*, que llegó a alcanzar el grado de mayor general de los servicios de inteligencia soviéticos, la tristemente célebre KGB, y curiosamente uno de los pocos que se reunió con Fidel Castro antes de abordar el yate Granma con el propósito de combatir con las armas la dictadura implantada en el país tras la asonada militar batistiana de 1952.

Carlos Rafael Rodríguez resolvió la crisis del Partido Comunista de Colombia de manera muy expedita y por supuesto complaciendo en primer lugar a Stalin, la máxima autoridad del comunismo mundial en ese momento. Simplemente conversó con los representantes de ambas fracciones en litigio y terminó reconociendo a Viera como el líder legítimo de la organización y ratificándolo en su cargo de secretario general del partido. Este sólo hecho pone en evidencia, sin la menor duda, el poder tan grande que tenían los comunistas de Cuba en el área latinoamericana desde entonces.

Según cuenta la historia, casi dos décadas más tarde, en los primeros años 60, Carlos Rafael Rodríguez coincidió con Gilberto Viera en un congreso del Partido Comunista en la Unión Soviética. Por razones de orden alfabético, Colombia, Costa Rica, Cuba, ocupaban asientos cercanos, todos los países que comienzan con la letra C estaban situados unos junto a los otros; de manera que aprovechando esa coyuntura el propio Carlos Rafael le pidió a Vieira que hicieran un aparte para hablarle acerca del proceso que estaba viviendo Cuba desde el triunfo insurreccional de Fidel Castro. Su comentario finalizó con una aseveración que podía ponerle los pelos de punta a cualquiera:

–¡Nuestro pueblo está en condiciones para llevar la destrucción nuclear al imperio norteamericano!

Por supuesto, Viera quedó sumamente impresionado por esta casi inimaginable posibilidad. Todavía entonces nadie ajeno a estos trámites sospechaba que la pequeña isla de Cuba contara con ojivas nucleares soviéticas capaces de reducir a humo y cenizas a los Estados Unidos de América.

Rodríguez insistió en repetirle a su viejo camarada que por primera vez en la historia del continente un país latinoamericano neocolonialista, subdesarrollado y que había padecido durante tanto tiempo la influencia del imperio capitalista, estaba en poder de enfrentarse a su enemigo tradicional en condiciones de paridad bélica. Añadió de paso que el pueblo cubano, gracias a la revolución triunfal de Castro, estaba dando una ejemplar lección historiológica al resto del continente y al mundo entero con la implantación del socialismo, para lo cual no había sido estrictamente necesaria la participación directa de los ejércitos rojos, como había ocurrido en varios países de la Europa del Este.

Cuando días más tarde Carlos Rafael viajó a Bogotá, después de concluido el congreso en el Kremlin, convocó a una reunión urgente del Comité Ejecutivo Nacional del Partido Comunista de Colombia. Y también cuenta la historia que la inteligencia norteamericana logró captar las conversaciones que mantuvieron esos altos dirigentes durante el citado evento y que de ese modo quedó registrado el control que tenían en la región los comunistas cubanos a apenas unos años de que el castrismo se adueñara del poder absoluto en nuestra isla. Pero no solamente en Colombia o en otros muchos países del área de América Latina y el Caribe, sino también en Europa, lo que yo llamaría la infiltración Castro-Guevarista se hizo sentir de manera notable desde muy temprano, casi enseguida de la asunción al poder de las guerrillas en 1959, ya que incluso alguien como Blas Roca fue reconocido como un líder de primer orden, llegando al colmo de situarlo a la altura de altos dirigentes del comunismo de rango mundial e incluso del propio Ioseph Stalin.

Bien llamativo resulta que en ese contexto el movimiento comunista puso en circulación también a otro personaje de su historia más siniestra, esta vez en colaboración con el propio Carlos Rafael Rodríguez y con Fabio Grobart, y me estoy refiriendo de nuevo al señor Osvaldo Sánchez Cabrera. Es importante mencionarlo, entre otros motivos, porque fue uno de los que aparece implicado en la muerte de Sandalio Junco.

Junco, cuando regresa de la Unión Soviética después de participar en un congreso internacional sindical comunista, hace una escala en Hamburgo (Alemania), donde comete la imprudencia de hacer algunos comentarios que hacían patente su descontento con las medidas acordadas en el evento citado…; no se explicó muy bien, sin duda, o al menos no se explicó bien para los comunistas ortodoxos. O en todo caso dejó entrever que se sentía un tanto defraudado por el trabajo que se estaba realizando en ese sentido, dando a entender que ya ésas no eran sus ideas, que no estaba de acuerdo con ellas, inquietud que también compartió en ese momento Julio Antonio Mella; es muy probable que estas declaraciones de Sandalio respondieran a que él se sentía más inclinado a favor del movimiento troskysta que al stalinista. De todos modos, fuera o no así, el haberse expresado de manera tan espontánea le costó la vida: la decisión de Stalin fue ejecutarlo, y no demoró mucho en llevar a cabo la sentencia. Para ello, claro, se valió de los hombres de acción con que contaban los comunistas en la isla.

De regreso a La Habana, Sandalio Junco continuó sus ataques a Moscú y al poco tiempo lo mataron en la provincia de Las Villas. Por ese entonces ya él había logrado su separación del movimiento comunismo, se unió posteriormente a grupos proletarios independientes y por fin se convirtió en dirigente del Partido Revolucionario Cubano (Auténtico); o sea, que ya entonces se había transfigurado en un verdadero y muy peligroso enemigo para sus antiguos camaradas. Había que eliminarlo. Y en efecto, poco después lo asesinaron, crimen en el que estuvieron involucrados varios militantes comunistas, uno de ellos el ya mencionado Sánchez Cabrera, que tras el triunfo del castrismo fue no sólo uno de los fundadores del siniestro G-2, sino también del Ministerio del Interior, y cuya esposa, Clementina Serra, fue también la que realmente fundó y dirigió la Federación de Mujeres Cubanas, no Vilma Espín, como creen muchos, pues en ese momento Vilma no era más que una figura de pantalla y en la práctica fungía como la secretaria particular de Clementina.

El poder que tenían los comunistas desde entonces en el gobierno de Fidel Castro era algo extremadamente impresionante.

Para concluir me parece oportuno señalar que, además de las figuras de los comunistas tradicionales citados, que desde años atrás el pueblo identificaba como seguidores de la doctrina marxista-leninista, otros elementos similares aunque menos conocidos, como Osvaldo Dorticós Torrado, Jorge Risquet o Manuel Luzardo, también ocuparon cargos de importancia dentro del régimen castrista. Todo ello descontando que desde muy al principio, cuando se produjo el ataque al Cuartel Moncada o el desembarco del yate Granma en las costas orientales de la isla, Fidel tenía a su lado a su hermano Raúl, que había militado en la Juventud Comunista, y a Ernesto Guevara, tal vez el más persistente divulgador del troskysmo en toda nuestra América.

REVOLUCION PROLETARIA

El Mundo Socialista se Forjará en la Fragua de la Revolución Proletaria

Año I No. 1 — MAYO 1 DE 1944 — 2 cts.

LOS STALINISTAS PREPARARON LA MATANZA DEL C. ERMITA

(VEA COLUMNA 1)

AL DESCUBIERTO LAS HIPOCRESIAS DE LA DEMOCRACIA INGLESA

Reprimidas Brutalmente Huelgas Mineras por El Despotismo Imperialista

Primero de Mayo

OBREROS: ROMPAMOS LAS CADENAS DE LA OPRESION CAPITALISTA

Enérgica Actitud Obrera Contra Los Manejos Contrarevolucionarios
POR RAFAEL SOLER

LA AMENAZA DE UN MOVIMIENTO DE HUELGA PONE EN ACCION AL STALINISMO DE "ERMITA"

Son Explotados Vilmente los Negros por los Comparsas de Blas Roca, Peña y Marinello
Por EFRAIN G. HIDALGO

LOS FUNDAMENTOS DEL SOCIALISMO EN CUBA — BLAS ROCA

1961 AÑO DE LA EDUCACION

La social democracia auténtica vs. el stalinismo criollo

Una de las mayores preocupaciones de los comunistas cubanos al inicio de la década de 1940, y en la que la mayoría de ellos estaba de acuerdo, era que el enfrentamiento entre sus organizaciones políticas y el movimiento socialista tenía necesariamente que experimentar un cambio. Por ello, a causa de una concepción defendida particularmente por Juan Marinello, se optó por cambiar el nombre de Unión Revolucionaria Comunista por el de Partido Socialista Popular, con la intención de poderse insertar con mayor éxito dentro del movimiento latinoamericano socialista. La palabra comunista resultaba todavía un tanto agresiva en ese momento, a pesar de que producto de las alianzas entre USA, Inglaterra y la Unión Soviética que provocó la Segunda Guerra Mundial y que tenía como base fundamental la lucha conjunta en contra del nazismo y el fascismo, se había llegado a aceptar el término socialista como sinónimo de aliado, lo que en realidad era cierto, sobre todo en lo concerniente al movimiento social demócrata, muy mal visto por los radicales de izquierda.

Ioseph Stalin, por ejemplo, le tenía horror, auténtico espanto, al movimiento laborista inglés; era tal su rechazo en ese sentido que llegó al punto de pedirle a Winston Churchill que no le mandara nunca a ningún emisario laborista, obviamente porque estaba al tanto de que eran legítimos representantes del movimiento social demócrata. En nuestro país ocurría algo semejante, de modo que los representantes del stalinismo criollo tampoco podían ver ni en pintura a los que en esos momentos lideraban la social democracia.

Cuando se estrena en Cuba, 8 de febrero de 1934, el Partido Revolucionario Cubano (Auténtico), que se creó bajo los auspicios del doctor Ramón Grau San Martín, sus militantes adoptaron como base fundamental el trabajo de la social democracia. Esta decisión fue producto de la conceptualización revolucionaria del proceso de la Segunda Internacional, que más tarde se convierte en el movimiento social demócrata, el mismo al que Stalin despreciaba y temía, y del que no quería saber nada. Desde el momento en que se funda el Partido Autentico y sobre todo más tarde, cuando adopta una organización definitiva a partir de 1940, al comunismo cubano le preocupa mucho su futuro desarrollo y pone los ojos sobre sus miembros más destacados; ellos tenían muy claro que los llamados auténticos eran representantes legítimos de la social democracia y que en las filas del comunismo criollo no existían hombres con el equipamiento moral ni intelectual para poder luchar contra los mismos. La situación culmina en un enfrentamiento declarado a partir de que Grau asume la Presidencia de la República, y se agudiza durante el siguiente período de gobierno del Partido Auténtico, bajo el mandato de Carlos Prío Socarrás, que finalmente logra desestabilizar el andamiaje stalinista en la isla hasta que se produce el golpe de estado de Batista a sólo unos meses de concluir su estancia en el Palacio Presidencial.

La figura más destacada en esa histórica batalla fue el doctor Manuel Antonio de Varona y Loredo, Ministro del Trabajo en ese momento, quien con el apoyo del coronel Fabio Ruiz Rojas, entonces Jefe del Ejército, vacían y eliminan la influencia de los soviets, por decirlo de ese modo, de la Central de Trabajadores de Cuba, propinándole una enorme derrota a los comunistas desde que pasó a dirigir la Comisión Obrera del Partido Revolucionario Cubano (Auténtico) precisamente un ex militante del comunismo insular, Eusebio Mujal Barniol, según mi criterio el más destacado líder sindical cubano después de Lázaro Peña. Conjuntamente, hay que incluir en este proceso de lucha anticomunista la labor llevada a cabo por la Comisión Nacional Independiente, en manos de Angel Cofiño, otro de los dirigentes del proletariado de más realce en nuestro país.

Estos hechos alteraron profundamente el destino de los hasta ese momento muy exitosos representantes del comunismo en nuestra isla.

Resulta evidente que los partidos políticos de los comunistas cubanos, que desde muy al principio de su trayectoria habían trabajado solapadamente contra la estabilidad del país, no chocaron en realidad contra las legítimas fuerzas de la democracia hasta que los auténticos asumieron el poder, en particular desde que el doctor Carlos Prío fue nombrado Ministro del Trabajo e inició una lucha frontal contra los emisarios y seguidores de los soviets en Cuba. Antes de eso, Gerardo Machado había conseguido reducir a la clandestinidad al primer Partido Comunista cubano, y muchos años más tarde, en 1953, Batista ilegalizó el Partido Socialista Popular, aunque en ninguna de esas instancias la influencia del marxismo-leninismo en la isla sufrió un embate tan fuerte como durante las dos administraciones del Partido Auténtico, de 1944 a 1952.

La figura más emblemática de esa batalla, como se apuntó antes, fue Manuel Antonio de Varona, quien asumió la tarea, que yo calificaría de gigantesca, de enterrar y apisonar la mala yerba que los comunistas habían intentado sembrar en Cuba por años; para los que han olvidado o querido olvidar esta crucial etapa de nuestra historia republicana, me gustaría recordarles que esa batalla no se limitó a clausurar la radioemisora Mil Diez y el periódico Hoy, ambos voceros del Partido Socialista Popular, y ni siquiera tampoco a asumir el control de la Central de Trabajadores de Cuba, que a partir de entonces fue liderada por Mujal, como también ya he apuntado... No. Dentro de este contexto revolucionario e histórico, la batalla de los auténticos contra el stalinismo también incluyó, y en primer lugar, enrumbar al país por un cauce, por un sendero de auténtica democracia.

Para los que no están conscientes de la magnitud de semejante empresa, quiero repetir una vez más que esa batalla del Partido Revolucionario Cubano (Auténtico) fue más allá de una simple tarea de cambiar políticas, cerrar periódicos y emisoras de radio comunistas o rescatar la más importante organización sindical del proletariado cubano; en última instancia la importancia mayor de este proceso radica en que se comenzó a construir la base fundamental de la familia, de la sociedad cubana, y se trabajó dentro de la misma para crear, respetando de modo absoluto los derechos humanos y emitiendo una serie de leyes e instituciones de avanzada, muy progresistas, una república verdaderamente democrática y que podría servir de modelo no sólo para ese momento sino también para el futuro. Se cometieron errores, claro que sí. Pero por encima de los errores, sería mejor citar sus aciertos que fueron muchos.

Lo más destacable de esos años de gobierno de los auténticos fue que se trabajó, se legisló, se fundaron centros, organismos e instituciones que tenían que ver con esos errores para que no se volvieran a cometer, para que no se repitieran en el futuro. También se persiguió a quienes estaban fuera de la ley y no se olvidó en ningún momento la aplicación de la justicia ante los crímenes, como había ocurrido tantas veces antes en nuestra patria.

Yo creo que es importante que nosotros recordemos no solamente los nombres de estos hombres, sino sobre todo la inmensa labor que llevaron a cabo… Cuando alguien me pregunta si conocí personalmente a Grau, a Prío, al mismo Tony Varona o a cualquiera de esas grandes figuras de nuestro acontecer político yo les respondo que no era necesario conocerlos personalmente, desde luego; pero que, en cambio, sí los conozco, y muy bien, en su dimensión mayor, a través de la gran obra de rescate de los valores democráticos que nos legaron a todos los cubanos. Hay un libro que releo a cada rato, escrito en 1935 por Guillermo de Zéndegui, uno de los grandes ideólogos del Partido Auténtico, y cada vez que lo vuelvo a leer me doy cuenta que me ha enseñado muchísimo, como el que ve ante sí lo que podría ser los Diez Mandamientos de la Democracia que debemos seguir los cubanos: número uno, el respeto; número dos, el trabajo; número tres, la mujer; número cuatro, la educación; número cinco, la familia; número seis, la religión... Pero, sobre todo, la libertad individual, ese máximo culto que debe existir a la libertad individual. Y todo eso lo defendieron ellos, esos hombres que se han mencionado. Y tal vez por ser tan libres los cubanos de aquella época, se cometieron algunos errores, desmanes incluso que no deben soslayarse; sin embargo, a pesar de esos errores y desmanes, también se promulgaron durante ese período más de 133 leyes que después se hicieron válidas en organismos como el Tribunal de Garantías Constitucionales para que el pueblo cubano pudiera llegar al convencimiento de que estaba viviendo en un país auténticamente democrático. Negar esa realidad es plantearse la historia de modo superficial y aprovechado, sin la objetividad que requiere un análisis serio del devenir político de la nación cubana.

Algunos detractores del autenticismo, en su mayoría batistianos, han recurrido a la consigna de la deshonestidad administrativa como vía para negar los logros alcanzados por los gobiernos de Grau y Prío, enarbolada también en esa época por un líder popular tan carismático como Eddy Chibás, que curiosamente procedía de las propias filas del Partido Auténtico. Para desmontar esta falacia, que sin duda gozaba de credibilidad a causa del enriquecimiento ilícito de varios funcionarios gubernamentales en dicho período, no hace falta apuntar más que cuando Fulgencio Batista invadió el campamento militar de Columbia una fatal madrugada de marzo de 1952 el tesoro nacional contaba con una reserva de más de cuatrocientos millones de dólares que se esfumó casi de inmediato.

Sin evadir un listado real de sus desaciertos, a mí me parecería más apropiado y mucho más justo desde el punto de vista histórico confeccionar una lista de los aciertos que los máximos dirigentes del Partido Revolucionario Cubano (Auténtico) dejaron como legado a la social democracia en nuestra patria. Es una tarea aún pendiente.

Nuevo socialismo: máscara actual del mismo enemigo

Una de esas escasas mañanas en que mi trabajo como médico cirujano me permite al menos hojear el periódico, me llamó la atención que en el diario en español de mayor circulación en Miami, El Nuevo Herald, en la página dedicada a América Latina, apareciera un artículo muy interesante titulado "La CELAC y China sellan una alianza modelo para el futuro, dedicado al I Foro China-Comunidad de Estados Latinoamericanos y del Caribe (CELAC)" celebrado en Pekín durante un par de días, 9 y 10 de enero de 2015.

Después de una cuidadosa lectura del texto en cuestión, llegué al convencimiento de que lo que están tramando en realidad los actuales dirigentes de China comunista respecto a los países de nuestra región es sellar una relación económica que a la vez pueda sellar también una posición política en el área. Una alianza que les reporte ventajas de todo tipo con respecto a la nación norteamericana.

Señala el artículo que dicho acuerdo "marca un hito, un antes y un después en las relaciones entre Pekín y los países latinoamericanos". Y aunque esta afirmación puede ser cierta, en mi criterio lo primero a destacar es que la reunión debe resultar finalmente más beneficiosa para el llamado gigante asiático que para las naciones de nuestro continente. Y vale la pena seleccionar y comentar un par de detalles sobre la misma con el propósito de clarificar esta opinión.

Manuel González y Wang Yi, ministros de Relaciones Exteriores de Costa Rica y China, respectivamente, copresidieron este foro, que de acuerdo al propio Wang supuso "la materialización en apenas unos meses de la idea planteada en julio de 2014 durante la gira por Latinoamérica del presidente Xi Jinping, que ha pasado ahora del sueño a la realidad". Otros de los presentes que aprobaron y aplaudieron este "nuevo ejemplo de cooperación sur-sur", como también se definió el encuentro, fueron Roberto Malmierca, ministro de Comercio Exterior de Cuba, Frederick Mitchell, canciller de Bahamas y Xu Shao Shi, director de la Comisión de Desarrollo Nacional y Reforma de China, lo cual prueba la doble intención que se me antoja está presente en este acercamiento del comunismo asiático con nuestra América.

Muy interesante resultó que en más de una ocasión los presentes en este evento, que todos insistieron en calificar como un modelo de cooperación entre Asia y Latinoamérica, se esmeraran también en señalar que el mismo no tenía el menor intento de excluir en particular a ningún país, nombrando en específico a los Estados Unidos de América; esa advertencia muestra, sin el menor asomo de duda, que es muy importante para ellos no desmejorar la relación de influencias que hasta el momento ha existido entre los países del área y la Unión norteamericana... Pero hay algo aún más interesante en las palabras que se dijeron en este foro, como por ejemplo declarar que la amistad con un país no excluye la amistad con otros países. Parece haber quedado muy definido que este acuerdo pretende ser más incluyente que excluyente, deseo que recalcó el ministro de Relaciones Exteriores costarricense haciendo mención directa a la larga tradición de amistad entre San José y Washington. Al mismo tiempo, González no dejó de subrayar que con China se dan factores que no se dan en relación con otros países desarrollados, y de acuerdo a su opinión este aspecto hay que tenerlo muy en cuenta. Uno de los factores señalados en ese sentido por el canciller de Costa Rica fue el respeto que, según los promotores de esta alianza, Pekín ha mostrado hacia la diversidad latinoamericana y caribeña. Un respeto, quizá sólo para ellos, "diferente o mejor".

Por otra parte, se insistió en que China y América Latina y el Caribe cuentan con una historia en común, ya que son países en desarrollo y en busca de un mundo más culto y más razonable por otras vías.

La realidad es que China tiene como objetivo fundamental de su nuevo orden político la busca del capitalismo dentro del movimiento comunista, lo cual los lleva a ser muy herméticos con el resto de los países del mundo, sin tener muy en cuenta la orientación ideológica que tengan sus gobiernos. Por tanto, no creo que en realidad busquen "un mundo más culto y más razonable", pues si ése fuera uno de sus objetivos tendrían que empezar por respetar ellos mismos los más elementales derechos humanos en su país, que de modo continuo se siguen violando a pesar de los supuestos cambios de la nueva nomenclatura comunista china.

Otro de los momentos más interesantes del artículo referido a esta nueva alianza entre China y la CELAC fue la declaración de María Ángela Holguín, ministra de Relaciones Exteriores de Colombia. Holguín aseguró confiar en que la nueva relación que se ha abierto con el gigante asiático pueda contribuir a promover la integración latinoamericana y que la región trabaje más como un bloque; y todavía aseguró más, pues añadió que era la primera vez que se va a actuar de frente con referencia a un tercero... Esta frase, este mensaje de que se va a actuar de frente a un tercero, es obvio que está referido a USA. Y teniendo en cuenta que de algún modo Holguín está hablando en representación de la CELAC, uno de los organismos más importantes que existen en la región como lo refiere su propio nombre, Comunidad de Estados Latinoamericanos y del Caribe, resulta evidente que semejante declaración tiene un peso específico muy fuerte dentro del subcontinente latinoamericano.

Si tenemos en cuenta que algunos organismos con características parecidas a la CELAC y más recientemente los nuevos movimientos socialistas que han hecho aparición en varios países latinoamericanos han provocado un gran daño en relación a los principios de la democracia representativa en la región, hay que tomar muy en serio esta nueva alianza de América Latina y el Caribe con China comunista. Cuando afirmo que han hecho mucho daño al proceso democrático latinoamericano, tanto las organizaciones antes señaladas que han nucleado diferentes sectores de nuestros pueblos como los nuevos dirigentes socialistas que pretenden eternizarse en el poder por reformas constitucionales, es porque considero que en realidad sólo se trata de una nueva máscara que pretende ocultar al mismo enemigo de siempre, un enemigo que lo que anda buscando en este momento es insertarse dentro de lo que podría ser una social democracia en sus fundamentos establecidos sobre el respeto a los derechos humanos, al capital humano, a las inversiones extranjeras, etcétera, y la han querido hacer ver como si se tratara de una comunidad socialista o comunista, que está unida, aliada o más bien bajo el amparo de la ideología que contamina al mundo desde las capitales de esos países, como lo hizo antes Moscú o como en este caso lo está haciendo Pekín. Ejecutando una leve variante en la frase popular, se trata del mismo perro con un collar no tan diferente al que ha usado siempre.

Yo creo que es importante que analicemos esto con profundidad porque el futuro de nosotros, el futuro de América Latina y el Caribe, va a depender mucho de las decisiones que se vayan tomando con respecto al incremento del marxismo-leninismo, ahora disfrazado bajo el nombre de nuevo socialismo, que se está produciendo desde hace algún tiempo en varios países de nuestro continente... Y creo que en lugar de señalar que son varios países, debería afirmar que es una gran parte de la región la que en la actualidad está bajo la nefasta influencia de las doctrinas que en otro momento se practicaban del otro lado de la llamada Cortina de Hierro, donde la Unión de Repúblicas Socialistas Soviéticos y los gobiernos de sus países satélites marcaban la pauta del comunismo en todo el mundo..

Descontando a Cuba, pionera de la implantación del marxismo-leninismo en su propio pueblo y también de su exportación a Latinoamérica y el Caribe, en la actualidad existen por lo menos tres países más en la región que apuntan hacia ese derrotero: Venezuela, Nicaragua y

Bolivia. Aparte de otros tantos que andan dando vueltas en pos del mismo objetivo.

Hugo Rafael Chávez Frías, fallecido antes de consolidar definitivamente ese empeño, ganó por mayoría del voto popular sus primeras elecciones, aunque más tarde solamente logró mantenerse en el poder gracias a escandalosos fraudes electorales. Bajo el rubro un tanto amable de Socialismo del Siglo XXI creó una suerte de franquicia política que, además de permitirle renombrar a la nación –llamada ahora República Bolivariana de Venezuela–, también le permitió conformar una nueva constitución que le iba como anillo al dedo para que ejerciera de manera supuestamente legal la presidencia del país de por vida; no lo consiguió a causa de un agresivo cáncer que detuvo su frenética carrera de improviso, pero al menos logró nombrar heredero al bigotón Nicolás Maduro, uno de los políticos más ineptos de todo el planeta que, sin embargo, aún se mantiene como inquilino del Palacio de Miraflores. Otro de los logros de Chávez, apoyado obviamente por su chequera de petrodólares, fue que Daniel Ortega y Evo Morales siguieran en Nicaragua y Bolivia el rastro que había marcado en Venezuela, el primero de vuelta a dirigir la nación centroamericana tras su derrota electoral ante Violeta Chamorro y el segundo afrontando dificultades en estos momentos al perder el plebiscito donde pretendía llevar a cabo reformas constitucionales de índole electoral.

De todos modos, la franquicia chavista logró extenderse a Argentina con la presencia de los Kichner (primero Néstor y después Cristina), a Ecuador con un egresado de Harvard nombrado Rafael Correa que cada mañana debate consigo mismo si debe seguir por esos rumbos y a Uruguay con el ex guerrillero José (Pepe) Mujica que ocupó hasta hace poco la silla presidencial de dicho país. También, aunque de modo más temporal, la sombra de Chávez se reflejó en Honduras con la asunción al poder de otro bigotón, además de vaquero y cantante, el señor Manuel Celaya, abruptamente retirado del mando por un golpe militar que todavía no ha devuelto a los ciudadanos hondureños la vida democrática que merecen.

Se podrían citar algunos ejemplos más, como son los casos de los también ex guerrilleros Mauricio Funes Cartagena y Salvador Sánchez Cerén en El Salvador, otra prueba al canto de que la región está bien contaminada de lo que ahora pretende pasar por un socialismo renovador pero que en verdad debía llamarse neocomunismo.

Muchos años antes, en 1973, un golpe militar derrocó al presidente comunista Salvador Allende en Chile, sin duda el primero que intentó en América del Sur implantar un gobierno con concepciones marxistas-leninistas llegando a la presidencia por vía de las urnas. Una década después, Maurice Bishop en Granada tuvo un destino semejante cuando una expedita invasión norteamericana lo sacó del poder al destaparse la noticia de que un contingente de militares cubanos estaba construyendo un aeropuerto en dicha isla, bien estratégicamente situada.

Todo lo expuesto remite a que, desde hace algún tiempo, en nuestra región se han venido versionando las ideas marxistas-leninistas a través de un comunismo solapado, una especie de socialismo que aparenta cierta legalidad, reformado si se quiere, para así poder sacar mayor provecho de ellas. Peor todavía es que se llegara a crear lo que podría ser una Unión de Repúblicas Socialistas (eufemismo por Unión de Repúblicas Comunistas) dentro del marco de la América del futuro, manejada originalmente por aquéllos que nacieron dentro de lo que yo llamaría el

Castro-Guevarismo, cuya aparición definitiva se podría ubicar en fecha ya tan lejana como el año 1960.

Los primeros pasos que se dieron en ese sentido, que mucho tienen que ver con la Cuba de Fidel Castro, fueron dentro del contexto de la llamada Conferencia Tricontinental y más tarde a través de la OSPAAAL (Organización de Solidaridad con los Pueblos de Asia, Africa y América Latina), empresas que desde entonces han venido envenenado y que todavía mantienen envenenadas a Centro y Sur América y el Caribe. Los movimientos comunistas productos del castrismo, o del Castro-Guevarismo, han manipulado a través de esas instituciones nuestro acontecer político durante años, llegando al extremo de que ahora mismo las Fuerzas Armadas Revolucionarias de Colombia (FARC), están intentando en La Habana, con el beneplácito del presidente Juan Manuel Santos y del nuevo dictador por herencia Raúl Castro, un proceso de paz que los conduzca otra vez a la legalidad, un oscuro maridaje que tiene como propósito único para los guerrilleros más antiguos de la región insertarse en la actividad política del país e ir asumiendo posiciones de poder dentro del mismo.

La base fundamental de todos estos movimientos enemigos de la democracia, y de la que aún no nos damos cuenta plenamente, es nada más que una –reformar las constituciones de sus respectivos países para controlar desde ese supuesto andamiaje legal que los partidos políticos de izquierda anulen la libertad de elección del pueblo, perpetuándose en el poder durante el mayor tiempo posible y violando todo tipo de derechos a sus ciudadanos. Imaginar otro propósito es demasiado ingenuo.

En verdad tenemos ante nosotros un problema bien serio y seguimos sin darnos cuenta de lo que cada día ocurre frente a nuestros ojos. De ese modo continuamos padeciendo que nos siga tomando por sorpresa el trabajo tan habilidoso que han hecho todos estos grupos autodenominados rebeldes, que en mi opinión representan al legítimo Comité Central de los partidos comunistas de nuestra América y que nadie conoce a cabalidad, pues se trata del verdadero enemigo invisible.

El artículo aparecido en El Nuevo Herald con motivo del foro China-CELAC no es más que la exposición de la puesta en escena de otra variante del mismo proyecto, una iniciativa que busca horadar la democracia por medio de la inversión económica con la intención de ejercer un mayor protagonismo político en el área, especialmente frente a los Estados Unidos de América. Es fácil de comprobar por varias de las declaraciones emitidas sobre el evento, como por ejemplo la de María Ángela Holguín, canciller colombiana, cuando se decidió a afirmar que "… aquí no va a haber una rapiña (piñata o repartición) para ver quién se queda con los recursos que ofrece China". Contrasta el comentario con lo expresado por el presidente chino Jinping, quien aseguró que el mayor interés de su país era elevar la inversión de la segunda mayor economía del mundo en Latinoamérica "hasta doscientos cincuenta mil millones de dólares en diez años y doblar el comercio bilateral en una década hasta quinientos mil millones de dólares". Una propuesta imposible de rechazar, como diría Don Corleone.

El evento concluyó con la cita para el siguiente foro: enero de 2018… Habrá que tener muy en cuenta los nuevos zarpazos que intente el comunismo internacional para restringir las libertades democráticas en los predios de la América nuestra hasta esa fecha.

¿Quién mató a Julio Antonio Mella?

Alguien que ya falleció, y que en vida nunca me autorizó a revelar su nombre, me contó muchísimas anécdotas que aún se desconocen y que revelan las atroces prácticas que ejercían los comunistas para lograr sus objetivos. Según este amigo, que durante un tiempo fue corrector de pruebas del periódico Tiempo en Cuba, propiedad de Rolando Masferrer –ex comunista, o más bien el hombre que encabezara la fuerza troskysta cubana y que había participado del lado de la República en la Guerra Civil Española–, una tarde del año 1950, en la Confederación de Trabajadores Cubanos, un señor llamado Valentín González, más conocido por el sobrenombre de *el Campesino* desde la época en que combatió a Franco en España junto a las filas republicanos y que se suponía guardaba muchos secretos de la manera de proceder del comunismo internacional, no dudó en responder a la insidiosa pregunta que le hizo uno de los presentes en dicha reunión:

–Dime la verdad, Valentín: ¿quién mató a Mella?

La versión oficial de los comunistas era que Julio Antonio Mella había sido asesinado por orden del general Gerardo Machado y Morales, entonces presidente de la República de Cuba. Y desde luego que dicha versión poseía una alta carga de credibilidad, pues Mella le resultaba muy incómodo a Machado y sin duda no le hubiera temblado la voz ni la mano para aprobar dicha sentencia.

Sin embargo, el Campesino lo que respondió de inmediato fue lo siguiente:

–A Mella lo mató el Partido.

La verdad es que el asesinato de Julio Antonio, ocurrido en la esquina de las calles Abraham González y Morelos, donde estaba la sede del Socorro Internacional Rojo en Ciudad México, la noche de diciembre 10 de 1929, jamás se ha esclarecido satisfactoriamente. El joven líder comunista cubano pereció de dos certeros balazos de revólver calibre .38, el primero de ellos que lo hirió en el brazo izquierdo y el intestino, y el segundo que le perforó un pulmón. De acuerdo al juez que se ocupó de llevar a cabo la investigación inicial del suceso, Alfredo Pino, la señora Tina Modotti que acompañaba a Mella en ese momento, testificó que los balazos procedieron de un auto en marcha. Sin embargo, otros tres testigos oculares del crimen, los jóvenes José Flores y Anacleto Rodríguez, y el dueño de una panadería aledaña, Luis Herberiche, sostuvieron que habían visto a tres personas discutiendo en la calle, "dos hombres y una mujer, y que uno de los hombres sacó un arma y le disparó al otro"; Herberiche fue aún más directo en su declaración: "Yo soy un simple comerciante que no le gusta verse envuelto en estos hechos.

Siento mucho desmentir a la señora, pero lo que dije es la verdad y la sostengo". A pesar de ello, la Modotti logró evadir su responsabilidad en el asesinato y el hombre que accionó el arma letal no se ha identificado todavía.

Uno de los implicados en la ejecución de Mella, según la versión de los comunistas cubanos, fue José Magriñat, aparentemente el enviado de Machado para cumplir tal misión, donde también debieron participar José Agustín López y Antonio Sanabria, lo que a simple vista contradice lo dicho por los tres testigos citados antes. De todos modos, las evidencias presentadas no fueron suficientes para incriminar a ninguno de ellos. Y como detalle extra es conveniente subrayar que Magriñat fue también muerto a balazos posteriormente, en 1933, atentado que según algunos fue llevado a efecto por hombres de acción del Partido Comunista cubano que nunca se pudieron identificar.

Hasta el día de hoy la muerte de Julio Antonio Mella permanece en una densa neblina de incertidumbres, a pesar de lo que mi amigo me contó que respondió el Campesino al respecto y de lo que han declarado otros que se supone poseían información de primera mano acerca del lamentable suceso, El más ilustre de ellos probablemente sea el gran pintor mexicano Diego Rivera, quien fue aún más explícito que Valentín González cuando optó por afirmar: "Todos sabemos que fue Vidali. Ya nadie puede dudar al respecto".

Pero... ¿quién es ese tal Vidali?

Vittorio Vidali, nacido en 1900 en Mugra, Trieste (Italia), murió en 1983, usó durante su vida un sinnúmero de alias –como Enea Sormenti, Carlos Contreras, Comandante Carlos o el aparentemente inofensivo José Díaz–, fue miembro del Partido Comunista italiano, amigo de

Augusto César Sandino y Agustín Farabundo Martí, y se destacó principalmente por ser uno de los representantes más activos del comunismo internacional en México y España, casi siempre encargado del llamado trabajo sucio, de llevar a vías de ejecución las tareas más tenebrosas encargadas por la cúpula comunista en Moscú. De acuerdo a un artículo de Pino Cacucci aparecido con fecha 19 de junio de 2005 en la publicación mexicana La Jornada, el propio Vidali le confesó a un antiguo camarada que no quiso revelar su identidad que, aunque él no había sido el autor material del asesinato de Mella, sí participó en el mismo de manera directa, justificando la acción con el simple expediente de acusar al joven cubano de ser una suerte de revoltoso incorregible y un elemento altamente disociador de la unidad sindical.

Muy diferente es la opinión que tiene de Julio Antonio alguien que fue su amigo y compañero de luchas en México, Félix Ibarra, quien aún conserva la máscara mortuoria del líder universitario muerto en plena juventud. Ibarra lo describe en una sola frase: "un muchacho alto y fornido, que trasmitía entusiasmo sólo de verlo". Y de paso ofrece información muy personal que pudiera servir para desentrañar las causas que provocaron su ejecución y confirmar la tesis de que fue a manos de sus propios camaradas.

La posición de Mella ante el *machadato* –como se le llamó en Cuba al gobierno de Machado, o más específicamente a su segundo mandato después de tomar la decisión de reelegirse en la silla presidencial– era absolutamente radical, sin concesiones de ninguna índole y dirigidas frontalmente a su derrocamiento. Un ejemplo de ello fue la huelga de hambre que llevó a cabo en 1925, cuya duración fue de 28 días y lo catapultó al más alto rango de popularidad entre los opositores a Machado, lo que no era muy bien visto por sus camaradas. La mayoría de la dirigencia comunista cubana en esos momentos, como ha sido tradicional, mantenía una actitud pragmática, no tan escurridiza como la que asumió años más tarde frente al golpe militar de Batista en 1952, pero cuidando que no se produjeran incidentes graves que pudieran afectar a la Unión Soviética, que por esa época no estaba muy interesada en conflictos de ese tipo en Latinoamérica. Sin duda, a Mella, tal vez por su exaltado temperamento, le molestaba esa actitud mansa ante los jerarcas de Moscú. Puede ser ese enojo el que motivó que durante su exilio en México se dejara atraer por el pensamiento de León Trosky, lo cual está avalado por la creación de la revista Tren Blindado, un símbolo emblemático del troskysmo, y por la foto que hizo Tina Modotti de su máquina de escribir, en cuyo rodillo se aprecia con nitidez una hoja de papel donde está escrita una frase de Trosky acerca de la función revolucionaria del arte. Desde un par de años antes, en 1927, cuando asistió al IV Congreso Internacional de la Sindical Roja en Moscú, Julio Antonio Mella se mostraba inconforme con la línea trazada por Ioseph Stalin, cuya prioridad era consolidar el comunismo en un solo país, la Unión de Repúblicas Socialistas Soviéticas, política que frenaba su programa de acción, que tenía como objetivo más urgente sacar a Gerardo Machado y Morales del poder.

Julio Antonio era hijo ilegítimo del sastre dominicano Nicanor Mella y Cecilia Magdalena Mc Portland, de procedencia inglesa. Nació en la ciudad de La Habana, en marzo 25 de 1903, y fue bautizado inicialmente como Nicanor Mc Portland, aunque más tarde asumió el apellido paterno y el nombre con el que lo recoge la historia. Después de viajar muy joven a Nueva Orleans y a México, donde estudia en colegios militares, regresa a Cuba y se matricula primero en la Academia Newton, más tarde en el Instituto de Segunda Enseñanza de Pinar del Río y, por último, en la Universidad de La Habana, donde escoge las carreras de Derecho y Filosofía y Letras y se destaca como deportista y activista antiimperialista, creando la revista Alma Mater en la que firma sus trabajos con el seudónimo de Lord Mac Portland. Durante su período más intenso como dirigente universitario de la extrema izquierda, se opone al nombramiento del general estadounidense Enoch Herwert Crowder como Rector Honoris Causa del alto centro de estudios cubanos, es nombrado secretario de la recién fundada Federación Estudiantil Universitaria y dirige la Universidad Popular José Martí, cuyo propósito fundamental era promover la incorporación de las clases obreras al proceso educacional del país. En 1924 crea la Liga Anticlerical e ingresa en las Agrupaciones Comunistas de La Habana. Apenas un año más tarde es uno de los fundadores del primer Partido Comunista de Cuba. Muere asesinado en Ciudad México cuando le faltaban dos meses para cumplir 26 años. Su cadáver fue cremado en el Panteón Francés de la capital mexicana y las cenizas devueltas a Cuba en el año 1933, después de la caída del dictador Machado.

 El encuentro de Julio Antonio Mella con Assunta Adelaide Luiga Modotti durante su exilio en México tiene características muy particulares que, aparte de conducirlo a la muerte de acuerdo al criterio de algunos que fueron sus aliados de lucha, contiene las suficientes dosis de pasión sexual y fervor político, de intriga, traición y desenfreno comunes en la tragedia griega, en las obras de Shakespeare e incluso en las más recientes series de la radio y la televisión. Fue un legítimo choque de trenes, un encontronazo entre dos personalidades muy fuertes que no podía conducir a otro fin que no fuera el peor.

Tina era una mujer impresionantemente hermosa, modelo del renombrado fotógrafo Edward Weston y más tarde excelente fotógrafa ella misma, que además profesaba ideas muy adelantadas para su época, pues creía al mismo tiempo en el amor libre, la emancipación de los pobres de la tierra y la utilidad del arte como catarsis para la redención social. Del otro lado Julio Antonio era una especie de ciclón incontenible, que una de sus admiradoras más elocuentes, la cubana Celia Hart Santamaría, hija de dos figuras emblemáticas del régimen castrista, Armando Hart y Haydée Santamaría, consideraba "el hombre más bello, inteligente y revolucionario de su tiempo". Esta explosiva fusión, que apenas duró unos meses, prácticamente eclipsó la relación sentimental más importante de Mella, la que sostuvo con su esposa Oliva Zaldívar Freyre (Olivín), que lo acompañó en su exilio en México hasta que nació su hija Natasha en 1927, cuando decidió regresar a Cuba por la muy precaria situación económica que padecía la familia y los riesgos que significaba para un bebé los avatares de la política. Según el criterio de Natasha Mella, los culpables directos de la muerte de su padre fueron José Magriñat y Tina Modotti, complotados ambos por intereses muy diferentes para eliminar al rebelde joven líder cubano.

Llama la atención de que Julio Antonio Mella también estuviera acompañado por otros dos destacados militantes comunistas cubanos, Aracelio Iglesias y Sandalio Junco, el primero de ellos muerto más tarde en el Puerto de La Habana y el segundo asesinado en la provincia de Las Villas unos años después.

La extensa hoja criminal de Vittorio Vidali al servicio de la GPU –que incluye la eliminación en España del dirigente catalán troskysta Andrés Nin–, así como que figuras tan contrastantes como León Trosky y Palmiro Togliatti lo consideraran un asesino sin escrúpulos y que su arma favorita fuera un revolver calibre .38 semejante al que concluyó con la vida de Julio Antonio Mella, son elementos más que suficientes para ubicarlo al menos en la primera ronda de sospechosos. Pero todavía hay más, pues la antes citada Celia Hart Santamaría, que murió junto a su hermano Abel en un extraño accidente automovilístico en La Habana en el año 2008 después de haberse declarado "troskysta free-lance", destapó la posibilidad de que Vidali en la escala que hizo en la capital cubana en su viaje desde Italia a México, hubiera sido instruido por los comunistas cubanos del peligro que significaba Mella para los intereses del Partido en esos momentos y que lo animaran a que pusiera fin a esa amenaza de manera definitiva. Pudo haber ocurrido de ese modo... Sin embargo, yo añado únicamente una sola pero muy importante variante: el asesinato de Julio Antonio ya había sido decretado por Ioseph Stalin, el mayor verdugo del comunismo internacional. Así lo creo.

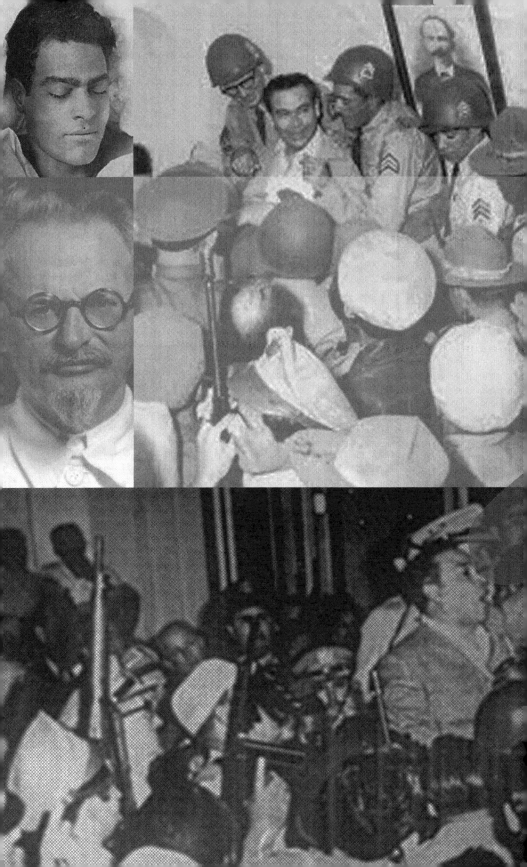

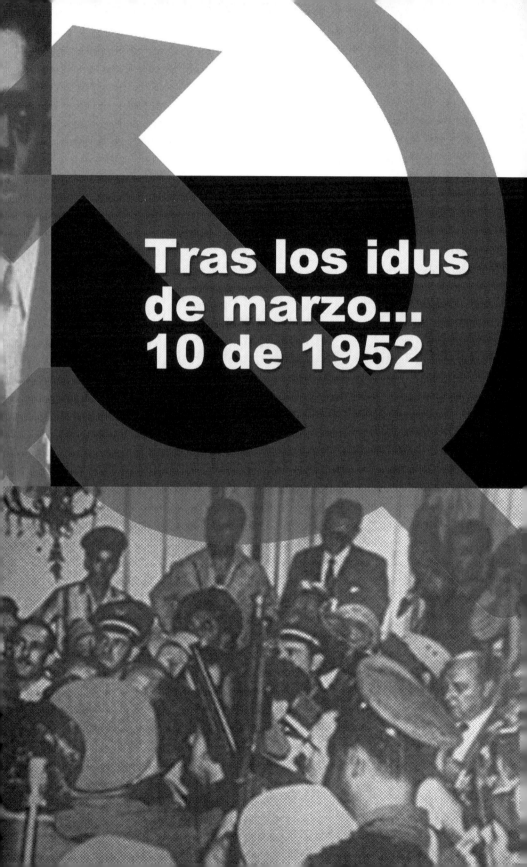

Alguien dijo una vez que el comunismo tenía dos caras, la cara visible y la invisible. La cara visible es la que todo el mundo ve, y la ve desde un prisma tan natural, con un ojo tan cándido, que no nos ayuda a detectar al verdadero enemigo, que es la cara invisible; esa es la cara que trabaja subterráneamente todos los días, que está agazapada en la educación, en las artes, en el radio y la televisión, en el deporte, en los partidos políticos sumergidos, en las posibles constituyentes de los pueblos latinoamericanos en un futuro no tan lejano como muchos creen... Quizá sea todavía más maligno lo que falta de este proceso y no nos demos realmente cuenta del peligro, no nos percatemos del mismo hasta que un día emerja todo ese trabajo oculto a la superficie y ya sea demasiado tarde para batallar por una democracia que represente los mejores anhelos de nuestros pueblos. Toda esa labor de zapa va inevitablemente acompañada de crímenes horrendos que si en su momento logran una relevancia especial porque son tratados a manera de espectáculo por los medios de comunicación, en cuanto transcurre algún tiempo se transforman en comida para el olvido y nadie más se ocupa de ellos, como si jamás hubieran ocurrido.

Tomando eso en cuenta me parece necesario no pasar por alto algunos sucesos terribles de nuestra historia política e insistir en averiguar más sobre los mismos con el propósito de tratar de esclarecerlos lo más posible. Un caso paradigmático en ese sentido es el asesinato de Julio Antonio Mella, que he intentado analizar en el capítulo anterior. Otro con características semejantes es la muerte de Sandalio Junco, al cual me he referido someramente. Ambos hechos, así como otros muchos que se podrían mencionar, están sospechosamente vinculados al largo expediente de crímenes políticos ordenados por Ioseph Stalin, cuyo más notable, sangriento y divulgado ejemplo sigue siendo el asesinato en México de León Trosky con un picot clavado en el cráneo por la mano asesina de Ramón Mercader, un sicario del comunismo internacional que empleó desde entonces métodos más sofisticados que los actuales.

La ejecución de Sandalio Junco tiene, aparte de lo ya expresado, un elemento de mayor interés para nuestro pueblo, ya que tuvo lugar en nuestra isla y todo hace indicar que sus autores fueron también cubanos. Como ya he expuesto, después que Sandalio regresó a Cuba de un congreso proletario internacional en Moscú, comenzó a poner en duda la línea de acción planteada por Stalin –lo mismo que le ocurrió a Mella, que también participó en esa reunión en el Kremlin– y optó primero por separarse del movimiento comunista y finalmente por aliarse al

Partido Auténtico, en el que sobresalió como uno de sus más esforzados activistas. Por ese tiempo se convirtió en un vocero en contra de ese pensamiento torcido, envenenado, que los comunistas pretendían hacer germinar entre los cubanos. Es importante destacar que el propio Sandalio no estaba al principio muy consciente de cuál suerte iba a correr, aunque ya muerto Mella, o en verdad después de ser víctima de un alevoso asesinato, debió sentir una preocupación tremenda porque le pudiera ocurrir lo mismo. Además, los partidos políticos y los pensamientos revolucionarios de la época, después de la caída de Machado, cambiaron de manera radical y colaboraron a que las ideas marxista-leninistas se fueran insertando en el movimiento revolucionario de la segunda fase de este proceso. Y quizá uno de los factores más importantes que sirvieron para detener el avance de los comunistas fue cuando surge el Partido Revolucionario Cubano (Auténtico), cuyos integrantes eran protagonistas del escenario político en Cuba desde la década del 30, liderado por el doctor Ramón Grau San Martín y con un propósito muy específico, pues se trataba de una versión no declarada aunque totalmente evidente del movimiento social demócrata... ¿Cuál fue el final que tuvo Sandalio Junco tras haberse atrevido a tan abierta disidencia? No podía ser otro que el mismo que concluyó la existencia de Julio Antonio Mella en plena juventud –en 1942 (mayo 8), en la ciudad de Sancti Spíritus, provincia de Las Villas, mientras tenía lugar un acto recordando la muerte del doctor Antonio Guiteras Holmes, supuestamente dos miembros del Partido Comunista cubano, Joaquín Ordoqui y Osvaldo Sánchez Cabrera, ambos integrantes de los grupos de acción de la organización, llegan a la conclusión de que ésa era la mejor ocasión para ultimarlo, aunque desde lue-

go y como ha ocurrido siempre en estos casos, no dudo que la decisión ya había sido tomada mucho antes por Moscú. O mejor, más que dudarlo estoy convencido de ello.

Piensen por un momento adónde llegó la falta de reconocimiento jurídico en esa época que no se siguió causa alguna contra esos dos individuos. Los que ejercían el poder entonces, producto de una coalición que se conoció como "el Pacto Socialista Popular" y donde, por supuesto, estaban incluidos los comunistas, permitieron que estos lamentables sucesos no se investigaran en lo absoluto y que los responsables del crimen sortearan el trance con la mayor impunidad.

Hechos como los señalados constituyen una mancha, una impronta vergonzosa para nuestra historia.

Pero han ocurrido otros muchos acontecimientos en el devenir político de la isla que no suelen calificarse como crímenes, sin duda porque no han sido planeados para atentar contra la vida de alguien en particular, aunque sin embargo han afectado de manera profunda a la nación en pleno. Uno de ellos tuvo lugar en el mes de marzo, que en el viejo calendario romano era el primer mes del año y marcaba una fecha precisa de excelentes augurios.

Thorton Wilder, un escritor norteamericano ganador del Premio Pulitzer, publicó en 1948 una magnífica novela epistolar titulada "Los idus de marzo", que se ocupa del asesinato de Julio César, año 44 a C (antes de Cristo), precisamente el día 15 de marzo, que debía considerarse de buena ventura y que marcó un punto de giro en la historia de la Roma antigua, transformando la República en Imperio.

Mucho tiempo antes, circa 1599, William Shakespeare concibió una de sus grandes tragedias. "Julio César", en la que refiere el espectacular ajusticiamiento a filo de puñal del dictador romano llevado a cabo por Bruto, cuyos conflictos sicológicos por el brutal acto que finalmente realizó contra su protector lo convierten en el verdadero protagonista de la pieza. La obra incluye la advertencia que le hizo el adivino Espurina a Julio César al llegar ese día al Senado romano:

–¡Cuídate de los idus de marzo!

–Los idus de marzo ya han llegado –fue la respuesta de Julio César.

–Sí –concluyó el adivino, alertándolo por segunda vez–, pero no han terminado aún.

Nosotros los cubanos, siempre un poco indolentes o ingenuos en cuanto a lo que a política se refiere, tampoco hicimos caso a nuestros idus de marzo y no valoramos en la dimensión que merecía el daño que le hizo a la República de Cuba la asonada militar encabezada por Fulgencio Batista y Zaldívar que popularmente se conoce como el Golpe del 10 de Marzo, cinco días antes de la sangrienta efemérides romana.

En múltiples conversaciones que he tenido con amigos y conocidos que fueron testigos de la toma del campamento militar de Columbia, uno de los temas recurrentes era si los norteamericanos habían intervenido o propiciado de alguna manera el derrocamiento del doctor Carlos Prío Socarrás. Sea o no real esta sospecha, lo cierto es que apenas 13 días más tarde los Estados Unidos de América reconoció al nuevo mandatario de la isla, que sin duda alguna representaba un régimen de facto que había interrumpido el ritmo democrático e institucional del país.

Los comunistas siempre tuvieron las ansias y las esperanzas de poder controlar en su totalidad a la República de Cuba, deseo que los más veteranos en este empeño no vieron realizado hasta 1959, aunque limitados por el egocentrismo esquizo-paranoico de Fidel Castro, que jamás permitió la más leve alternancia política desde que llegó al poder. Antes del triunfo insurreccional de los guerrilleros de la Sierra Maestra, los comunistas tradicionales cubanos tuvieron una oportunidad dorada para lograr sus objetivos, cuando producto de la Segunda Guerra Mundial y con el beneplácito de los norteamericanos por la unidad coyuntural que existió entre Rooselvert, Churchill y Stalin en ese momento, se le permitió al Partido Socialista Popular una peligrosa ascendencia en la política nacional, tan peligrosa que en realidad aún la estamos padeciendo en el día de hoy. Porque hoy el pueblo de Cuba está sumido en la miseria, con miles de muertos ante los paredones de fusilamiento e infelices que han perdido la vida en el mar tratando de encontrar un futuro mejor, un pueblo muerto de hambre, incapaz de reclamar sus derechos humanos, sin la más mínima libertad individual.

Este es el principal motivo que uno de los eventos de la política nacional que más me ha preocupado durante mucho tiempo, y que en mi criterio también descubre al enemigo invisible que se oculta tras el rostro oficial de los comunistas cubanos, es el golpe de estado ocurrido en marzo 10 de1952 y dirigido por el general Batista. Y aunque me interesa en extremo analizar con detenimiento los motivos y las consecuencias (las consecuencias, sobre todo) de suceso tan perjudicial, no pretendo hacer otra vez el cuento de cómo salieron de la finca Kuquine esa madrugada un grupo de militares, políticos y testaferros del sargento devenido primero coronel y después general para entrar sin ningún impedimento por la posta número cuatro del Campamento de Columbia, después que el enlace tramitado se equivocó y tuvo que salir corriendo de la posta seis para la cuatro, y así cambiar de súbito el desempeño democrático que había caracterizado a nuestra República durante los años que gobernó el Partido Auténtico; tal vez lo único que vale la pena recordar de ese infame suceso, porque de algún modo pone de manifiesto la escasa preparación política de algunos sectores del Ejército en ese momento, fue la declaración de júbilo que hizo un soldado cuando se enteró de la noticia:

–¡Al fin tenemos al papá de todos nosotros mandando en el país desde Columbia!

No creo que la mayoría del pueblo cubano estuviera de acuerdo con el mencionado soldado, cuyas eufóricas palabras fueron recogidas de inmediato por los medios de comunicación que se prestaron a apoyar el golpe de estado, en particular el periódico ¡Ataja!, dirigido por Alberto Salas Amaro, quien aparece muy cerca del dictador en todas las fotos que se tomaron esa nefasta madrugada.

La vocación golpista de Batista supera las dos ocasiones (4 de septiembre de 1933 y 10 de marzo de 1952) en que los historiadores señalan que asumió el poder de facto, aunque es justo añadir que en ambas oportunidades el derramamiento de sangre fue mínimo. En realidad fueron tres, no dos, los golpes de estado que realizó el llamado por los mismos norteamericanos "hombre fuerte" de Cuba; entre 14 de enero de 1933 y marzo de 1952, sin desplegar la parafernalia castrense que caracterizaron los ya mencionados, el entonces Jefe del Ejército coronel Fulgencio Batista destituyó en diciembre 26 de 1936 a Miguel Mariano Gómez y Arias, llegado al poder por el voto popular y un político íntegro que tenía opiniones muy propias, una de ellas mantener bien separadas la actividad civil de la militar, lo que produjo un enfrentamiento con Batista al concebir las llamadas escuelas cívico-militares, plan que Gómez suprimió por decreto presidencial y que finalmente se llevó a cabo cuando Federico Laredo Brú, en su condición de vicepresidente, asumió la presidencia. También Laredo Brú, destacado abogado y coronel del Ejército Libertador, era un hombre de indudable integridad, aunque sin duda más inclinado que Miguel Mariano a hacer concesiones siempre que lograra al final su máximo objetivo, que en efecto logró realizar a través de la promulgación de la llamada ley de los nueve centavos sobre el saco de azúcar, un amplio plan de obras públicas y, sobre todo, la puesta en marcha de la Asamblea Constituyente que posteriormente se concretó en la célebre Constitución del 40, una de las más progresistas de su tiempo. La tendencia de Laredo Brú a hacer negociaciones políticas lo condujo, según algunos conocedores de este complejo período, a hacerle el siguiente planteamiento a Ramón Grau San Martín: "Si le molesta tanto Batista como militar, ¿por qué no lo deja ser presidente?". Grau, sin duda, aceptó el ofrecimiento y fue al retraimiento en las elecciones de 1940, única vez que el hombre que siempre gobernó el país desde el polígono militar de Columbia llegó al poder por decisión del pueblo.

Existen otros aspectos relacionados con la aquiescencia norteamericana en lo que más tarde se conoció popularmente como *el Madrugonazo*, que sí merecen ser estudiados con mayor empeño. Vale señalar, por ejemplo, que el embajador norteamericano en Cuba en ese momento se llamaba Arthur Gardner, un funcionario más bien parapetado, escondido detrás de la palestra pública pero que manejó muy bien toda la instrumentación de este funesto vuelco del proceso democrático cubano; yo considero que el regreso de Fulgencio Batista en 1952 fue un movimiento combinado por tres elementos diferentes: primero, la decisión del propio general Batista de aceptar ser protagonista del mismo; segundo, el interés de los norteamericanos por detener el proceso de independencia nacional de los gobiernos auténticos; y tercero, el beneficio que le reportaría posteriormente este suceso al comunismo cubano... Dentro del contexto histórico que se está analizando, es de suma importancia destacar en primer lugar la responsabilidad que tuvo Gardner, como representante del gobierno norteamericano en la isla, en este tercer golpe de estado batistiano. En ese momento el jefe de la aviación del gobierno de Carlos Prío Socarrás era Eulogio Cantillo Porras, y es de conocimiento público que una vez enterado de los acontecimientos se comunicó de inmediato con la embajada norteamericana y una de las instrucciones que le dieron allí fue que se pusiera en contacto de inmediato con un oficial de las Fuerzas Armadas norteamericanas apellidado Hook, también coronel y que se encontraba en Columbia en ese momento. Hook le respondió de modo muy explícito a Cantillo que se abstuviera de tomar decisión alguna en contra de lo que se estaba llevando a efecto en el principal campamento militar del país. Si este hecho no evidencia, cuando menos, la complicidad norteamericana con Batista, no sé cómo calificar semejante mensaje.

Al igual que la mayoría de mis amigos y conocidos que hemos debatido el tema, yo siempre he tenido muchísimas dudas en relación a cómo ocurrieron los hechos que convirtieron de nuevo a Fulgencio Batista en el "hombre fuerte" de Cuba; una de ellas se puede resumir en esta pregunta: ¿cómo tantas personas inteligentes, cómo tanta gente de bien, cómo tantas familias de importancia en la República de Cuba participaron o aceptaron un hecho tan lamentable para nuestra patria? Y no sólo eso, sino que después de consumado el golpe la mayoría de ellos se prestaron a integrar un Consejo Consultivo que pretendió legalizar el mismo… Esto es algo que hay que analizar en profundidad, porque aunque el momento en el que ocurre cualquier suceso histórico siempre lleva implícita las circunstancias del mismo, y es fácil hablar mal de cualquiera y yo no quiero vilipendiar a nadie, también es necesario escudriñar lo más posible un evento que provocó tantos desastres en el futuro de nuestra isla. No creo que un asentimiento tan general fuera posible sin que el gobierno de los Estados Unidos de América hubiera al menos dejado expreso tras bambalinas su complacencia al respecto.

Desde inicios del año 1930 hasta marzo de 1952, resulta evidente que en Cuba se produce un desarrollo social, político y económico de indudable trascendencia, con la influencia también evidente del comunismo y del fascismo, que tanto daño le han hecho a la democracia en la isla. Y además, para hacer aún más difícil el análisis de esta etapa de nuestra vida republicana, con la mirada atenta del gigante norteño observándolo todo a sólo 90 millas de distancia con el ojo del amo que por encima de cualquier otra cosa le interesa que engorde su caballo.

No hay manera de que ni yo ni nadie (ni la historia tampoco) pueda elevar el dedo índice para culpar al gobierno estadounidense o al Departamento de Estado de USA de haber concebido o al menos aceptado sin reparos mayores la entrada de Batista en Columbia. Es aceptable y aún conveniente especular al respecto, eso sí... Tampoco se debe confundir al pueblo norteamericano con el gobierno o el Departamento de Estado norteamericanos, porque los Estados Unidos de América es un pueblo que siempre ha luchado por la libertad y la democracia en cualquier sitio donde ha sido necesario, un pueblo noble, un pueblo bueno, un pueblo trabajador y un pueblo de inmigrantes; o sea, que no se pueden confundir los intereses privados, mezquinos muchas veces, que existen entre países con la necesidad de un pueblo de vivir en libertad, en democracia. Esta situación se torna más compleja cuando se trata de pueblos y gobiernos que influyen de manera significativa en otros gobiernos y pueblos, como sucede en este caso.

Si en algún momento hay una equivocación en el enfoque histórico que se le pueda dar a lo que sucedió en Cuba en marzo de 1952, yo soy uno de los que confieso que siempre me he preguntado si mis dudas acerca de este hecho con relación a la autoría exclusiva de Fulgencio Batista o a que el gobierno norteamericano también metió su mano en el mismo son realmente válidas. La incógnita a despejar es la siguiente: ¿fue Batista simplemente un vehículo del gobierno de los Estados Unidos de América con el propósito de detener el proceso nacionalista democrático que se estaba llevando a efecto en nuestra isla?... Esa es una pregunta que siempre he tenido presente, y a la cual le he dado miles de vueltas.

Nunca he podido aceptar como excusa en este caso la defensa de la tan mentada honestidad administrativa, ya citada antes en este libro, porque los señores golpistas se apropiaron de más de cuatrocientos millones de dólares que estaban depositados en el banco en ese momento y al huir de la isla se llevaron consigo otros trescientos y pico de millones de dólares más, descontando lo mucho que rapiñaron con toda clase de negocio sucio durante sus casi seis años de desgobierno. Resulta imposible negar que mientras los del régimen detentaron el poder hubo en el país todo lo malo que uno pueda imaginar, lo que hasta entonces no había ocurrido antes, pues desde la corrupción administrativa que alcanzó su más alto índice hasta el soborno, el juego, la prostitución y cualquier otra clase de artimaña que produjera beneficio a sus intereses personales campearon por su respeto.

Me produce al menos curiosidad que el pueblo no ponga la debida atención en relación con estos hechos, porque lo que nosotros hayamos experimentado en el pasado nos puede servir para prevenir lo que no debe ocurrir de nuevo en el futuro. Si no fuera así, créanme los que me están leyendo, que no hemos aprendido nada de las lecciones de la historia.

Como me referí antes al llamado Consejo Consultivo que se creó tras el Golpe del 10 de Marzo, el que estaba integrado por más de 80 miembros, es oportuno señalar que uno de los aspectos del mismo fue que los señores que lo integraban cobraron alrededor de siete mil quinientos dólares anuales; ese detalle que acabo de señalar está escrito, de modo que lo único que hay que hacer es buscar los documentos de la época y leerlos con una mínima atención, que es lo que he hecho yo. Nada más.

La historia no es otra cosa que la memoria de un pueblo. Y si nos ponemos a escrudiñar en la memoria de nuestro pueblo para poder cambiar de manera positiva lo que va a suceder mañana, entonces creo que hay muchas oportunidades de superar lo que han sido nuestros errores.

Después de llegar al poder un movimiento auténticamente revolucionario tras la caída del general Machado, la República de Cuba alcanzó entre el año 1933 y el año

1944, pasado el pórtico mismo de la Asamblea Constituyente que concretó más tarde un sinnúmero de avances de toda clase, una posición de progreso social envidiable con relación a los demás países de la región. Cuando se comparan estos aciertos con lo que sucedió en nuestra isla a partir de 1952, se llega a conclusiones muy diferentes a las que otras personas han querido defender; porque en mi opinión gran parte de lo que le sucede a los cubanos desde entonces es producto de intereses muy específicos– los que afectan al movimiento obrero, los que afectan al Ministerio de Trabajo, los que afectan a los aranceles, los que afectan a la venta del producto nacional bruto, los que afectan en general a las leyes sociales que más nos beneficiaban…En realidad, esta etapa es algo que se debe de estudiar desde muchos aspectos y de manera muy detallada. El golpe militar encabezado por Fulgencio Batista en marzo 10 de 1952, y en mi criterio avalado o incluso también fraguado por el Departamento de Estado norteamericano, aparte de resultar ventajoso para los comunistas que eran viejos aliados del general Batista desde su primer período dictatorial gracias al llamado Golpe de los Sargentos o del Cuatro de Septiembre, debe ser analizado de manera profunda hasta lograr que queden bien al descubierto las causas que esgrimieron sus protagonistas para llevarlo a cabo, aunque más aún las fatales consecuencias que representó para nuestra patria a partir del último cuartelazo militar.

Como dice un viejo refrán, aquéllas lluvias –y otras muchas, anteriores y posteriores a la entrada subrepticia de Fulgencio Batista y Zaldívar en el Campamento de Columbia en 1952– trajeron éstos lodos que hoy encharcan el suelo cubano y ha variado por completo la vida de sus ciudadanos hasta transfigurarla en una verdadera pesadilla.

La solución que pretende encontrar a esta situación en la actualidad el presidente de los Estados Unidos de América, Barack Houssein Obama, no creo que sea la más razonable ni efectiva, pues existe de parte del mismo la intención de aupar a un grupo de exiliados cubanos muy poderosos a quienes todos conocen –entre los que cabe incluir a Gloria y Emilio Estefan– para que asuman el papel de benefactores de lo que sería la Cuba del mañana… que, desde luego, no excluiría a los hermanos Castro si es que aún están vivos, o en todo caso a los herederos de lo que puede considerarse la familia real isleña. Para nada resultaría beneficioso a nuestra patria esta suerte de arreglo, que más bien parece buscar incentivos económicos a largo o tal vez mediano plazo, y que como señalé antes tiene muy presente a los Castro –al menos a Raúl, que es quien en la actualidad ejerce el poder–, pues de no ser así estos cubanos exiliados no estarían dialogando con nadie en la isla ni mucho menos podrían formar parte de este raro proceso de nuevas relaciones con USA que dio inicio a finales de 2014. Llamo la atención al respecto porque hay que tener mucho cuidado en ese sentido, ya que podríamos estar a punto de que se haga realidad otro nuevo Consejo Consultivo, semejante al del año 52, que en este caso termine reconociendo, validando más bien de manera definitiva una de las dictaduras que más tiempo ha detentado el poder en el mundo entero.

En una entrevista que el periodista, escritor y filósofo cubano de origen japonés Emilio Ichikawa le hizo en Coral Gables en 2006 a Rubén Batista con quien yo compartí conversaciones siendo una persona decente, más conocido en Cuba por el apodo de Papo, el hijo mayor de Batista revela importantes datos acerca de Francisco Tabernilla Dolz y Eulogio Cantillo Porras, dos altos militares del régimen de Batista en su momento más crítico a finales de 1958, que ponen de relieve una vez más la injerencia del gobierno norteamericano en la política nacional. Papo se refiere a una carta que muchos años más tarde le escribió el ayudante de Cantillo, José Martínez Suárez, relatándole los pormenores del encuentro que, por orden de Tabernilla, sostuvo su jefe inmediato con Fidel Castro en diciembre 28 de 1958 con el propósito de lograr una salida negociada a la difícil situación que atravesaba el país; alrededor de 48 horas antes (26 de diciembre) Tabernilla Dolz había solicitado una reunión con el embajador norteamericano en La Habana, Earl E. T. Smith, aparentemente para informarle acerca de su decisión, de la cual el presidente de la nación no estaba enterado. Según el relato de Martínez Suárez, cuando Batista lo supo citó urgentemente a su jefe del Estado Mayor Conjunto, una persona de su mayor confianza, y le espetó con amarga resignación:

–A lo mejor tú no te has dado cuenta, Pancho, pero acabas de darme un golpe de estado.

Cinco días más tarde abandonaba Cuba para no volver nunca más.

Batista tenía que haber al menos intuido que los norteamericanos ya no lo consideraban su "hombre fuerte" en la isla, pues en diciembre 13 de ese mismo año 1958 fue notificado por la propia embajada estadounidense que no se reconocería a Andrés Rivero Agüero como el nuevo presidente cubano, ganador de unas elecciones en las que prácticamente no votó nadie.

En ese momento el gobierno de los Estados Unidos de América le retiró del todo su apoyo a Fulgencio Batista y Zaldívar y optó por darle un voto de confianza a Fidel Castro, sin tener en cuenta el oscuro historial que ya había acumulado en su carrera política. Desde entonces, de un modo u otro, ha permitido que el comunismo se instale en el mismo patio de su casa.

A veces pienso que los norteamericanos, o más bien los gobiernos norteamericanos, consideran que la democracia únicamente es buena para ellos.

El poderoso encanto del proletariado

A medida que uno escudriña más en ese saco de recuerdos que es nuestra historia, se comprende más lo necesario que es analizar cada error cometido en el pasado si tenemos la intención de no repetirlo en el futuro.

Un ejemplo que habría que valorar en cuanto a los aspectos negativos que produjo la asonada militar del 10 de marzo está relacionado con la presentación de la Carta Magna de los Derechos Humanos, llevada a cabo en Cuba primero, en Chapultepec –cerro y parque en Ciudad México donde se encuentra uno de los centros culturales más importantes del continente– más tarde, después en Francia y por último en la Organización de las Naciones Unidas (ONU). Este hecho muestra que la labor social llevada a cabo por los gobiernos auténticos fue tan gigantesca que haberla interrumpido, cercenado, puede ser calificada como un verdadero crimen a la nación. Los cubanos de todas las épocas tendrían que sentirse muy molestos porque, de pronto, a sólo tres meses de la fecha en que iban a celebrarse unas elecciones libres, se detuviera el proceso democrático que se estaba produciendo en el país; quitarles de las manos al pueblo la oportunidad de elegir al presidente que desea, a los que debían ocupar los puestos en la Cámara y el Senado, para en cambio nombrar desde la cúpula del poder un Consejo Consultivo que no representaba los auténticos intereses ciudadanos, es cuando menos un suceso anormal que no debe ocurrir en ningún país donde se respete la más mínima cuota de libertad individual. Es muy importante evitar que un hecho así vuelva a ocurrir en nuestra patria después que caiga el régimen castrista, suceso que tendrá que transfigurarse de esperanza postergada en un hecho real más tarde o más temprano.

    Todo este proceso que he descrito, y que tiene su culminación nefasta en el Golpe del Diez de Marzo, comienza en realidad en el año 1933, y es importante que todos los cubanos no solamente lo sepan, sino además lo analicen concienzudamente. Insisto una vez más en afirmar que es el único modo en que nosotros podemos evitar que personas como ésas vuelvan a tomar decisiones ajenas a la voluntad del pueblo, que después tenemos que pagar todos, justos y pecadores, con la peculiaridad de que muy a menudo los pecadores logran escapar y los justos son los que sufren las consecuencias; no hay que sentirse bien ni mal al respecto, lo único que hace falta es actuar en consecuencia con lo que es correcto. Después de los años en que nuestro país vivió en democracia, donde liberales y conservadores o auténticos y ortodoxos podían debatir todos los temas que quisieran, se insultaban incluso por los medios de comunicación y gastaban grandes cantidades de dinero en sus campañas políticas, siempre en un marco de total libertad, no es correcto que de súbito se produzca un suceso que interrumpe esa confrontación abierta. Es necesario analizar de otra manera estos vaivenes del quehacer político cubano, aunque sea al menos para evitar que no vuelva a ocurrir lo mismo, que en mi criterio ya están planeando los traidores a la verdadera revolución cubana. Hay que salvar la patria, pero hay que salvarla sin los Castro, sin los que tienen las manos manchadas de sangre.

El período democrático que tuvo lugar en Cuba desde la fundación de nuestra República (20 de mayo de 1902) hasta el último golpe militar (10 de marzo de 1952), con las interrupciones provocadas por el intento de Gerardo Machado y Morales de mantenerse en el poder y de la irrupción del propio general Batista en septiembre de 1933, representan de manera ejemplar el marco social y político en que debe desenvolverse nuestro país, dentro de un nacionalismo sano, sin influencias socialistas, comunistas ni fascistas, donde se respeten los intereses del pueblo y se ejerza la verdadera democracia en su más alta expresión.

La presencia del general Batista en la política nacional durante la convulsa época entre 1930 y 1940, a partir de que se enfrentó a Carlos Manuel de Céspedes, que en última instancia no supo conducir al país por un camino de real independencia tras la caída de Machado, hasta que se disolvió la Pentarquía y empezó a conspirar contra el nominado presidente Ramón Grau San Martín desde el primer día del llamado Gobierno de los 100 días, cuyo programa impulsado por Antonio Guiteras y el propio Grau contemplaba en primer término la derogación de la Constitución de 1901 que incluía la Enmienda Platt, culminó en su alianza con los comunistas que finalmente propiciaron su llegada a la primera magistratura de la nación por la vía electoral. No complacido con semejante itinerario, Fulgencio Batista y Zaldívar se apropió otra vez de la nación casi una década más tarde, una infausta madrugada de marzo de 1952.

Me parece muy curioso que la historia de nuestro pueblo se repita de manera tan recurrente, como si sus diferentes etapas fueran copias en papel carbón; se repiten prácticamente los mismos hechos, aunque desde luego con protagonistas diferentes en cada etapa. Si se observa con atención lo que ha ocurrido en Cuba en el siglo pasado, en el Siglo XX, llama la atención que los comunistas consiguieran, con su trabajo dentro de los movimientos populares, y en ocasiones bajo la influencia del gobierno de los Estados Unidos de América producto del acercamiento que se produjo durante e incluso después de la Segunda Guerra Mundial, un verdadero control en muchos aspectos de la política nacional; en realidad este auge de las ideas marxistas-leninistas en la isla comenzó en específico a partir de la década del 30 y se extendió hasta más allá de 1940, con la Asamblea Constituyente, aunque logró su punto más alto en 1938, cuando por primera vez se legalizó por un gobierno que recién asumía el poder tras el trono que ejercía con mano férrea Batista, el gobierno de Laredo Brú, su organización política más estable, el Partido Socialista Popular, que entonces tenía su sede en la calle Egido. Los recursos financieros que poseía en ese entonces el PSP se pueden calcular con la sola mención de que entre sus propiedades se incluía un restorán llamado Compostela donde sus militantes de fila o los felows travel, conocidos en Cuba como "transeúntes del Partido", podían comer gratis o a precios en extremo moderados.

De inmediato, y de manera muy inteligente, los comunistas cubanos se dieron a la tarea de controlar los sindicatos de obreros y trabajadores, así como de que algunas de sus figuras más notables fueran nombrados ministros, aunque sin una cartera determinada, como ocurrió con Juan Marinello y Carlos Rafael Rodríguez.

Existen una serie de datos muy interesantes, que se produjeron entre 1940 y 1944, y que se refieren en especial a la influencia comunista en las escuelas, hecho que posteriormente (en 1946) fue detectado por el Ministerio de Educación del gobierno del doctor Grau San Martín; las características que ellos querían lograr y el funcionamiento que implementaron en ese sentido, era obvio que tenía que ver fundamentalmente con la penetración del ideario marxista-leninista en el ámbito educacional. Este fue uno de los motivos claves –junto al rescate de las organizaciones sindicales– que llevó al Partido Revolucionario Cubano (Auténtico) a iniciar la lucha contra la influencia de los comunistas en cuanto Grau alcanzó la silla presidencial en 1944. A partir de entonces fue que en realidad el comunismo en Cuba empezó a confrontar dificultades para lograr sus objetivos.

A sólo un año de legalizado el Partido Socialista Popular, cuando ya había entrado en vigencia el gobierno que firmaría la Constitución de 1940, se celebró en La Habana la Segunda Conferencia Panamericana del Trabajo, lo cual muestra el avance que habían logrado los comunistas en la isla. Este evento lo llevó adelante Vicente Lombardo Toledano, a quien he hecho referencia anteriormente y que estaba considerado por ese tiempo como uno de los brazos ejecutorios del movimiento obrero mundial. Toledano, a pesar de ser el líder sindical más influyente en nuestro continente, en muchas oportunidades, como también he señalado antes, pedía la colaboración de Lázaro Peña, la figura más prominente del movimiento proletario comunista cubano; la relación entre ambos no resultó siempre cómoda, ya que Peña no era una persona fácil de manejar y gozaba de gran prestigio por su ejecutoria. He ahí otro detalle de la importancia que gozaban los dirigentes comunistas de la isla en todo el ámbito latinoamericano.

Hay algo muy interesante ocurrido en Cuba durante esos años de efervescencia comunista, que en mi opinión es necesario por lo menos informarlo: la presencia de un individuo apellidado Varishov, sin duda un enviado de Moscú para reclutar jóvenes en la isla que se integraran al movimiento comunista internacional. Si se toma en cuenta una cantidad de estudios que se han realizado al respecto, y que dado a la naturaleza de los mismos constituyen una especie de legado del movimiento comunista dentro del país, casi de inmediato que el Partido Socialista Popular fue legalizado comenzaron las tareas de infiltración en nuestro territorio. Estos operativos se ponen al descubierto en la obra de uno de los grandes historiadores de estos temas en el continente, y de paso uno de los más lúcidos detractores de la ideología comunista en los países latinoamericanos, Salvador Díaz Verzón, quien descubrió que el propio Fidel Castro cuando era muy joven, antes de cumplir veinte años, ya estaba involucrado en estas tareas.

El tal Varishov mencionado antes, de acuerdo a lo que informa Díaz Verzón, llegó a Cuba alrededor del año 1943 como funcionario de la recién creada embajada de la Unión de Repúblicas Socialistas Soviéticas (URSS), aunque en realidad su trabajo consistía en hacer lo que los comunistas siempre han sabido hacer de la manera más astuta: reclutar la mayor cantidad de gente joven con el objetivo de promover el ideario comunista. Este individuo, que había servido a la República Española en su lucha contra el gobierno de Francisco Franco, hablaba español a la perfección y tenía una amplia experiencia en las labores de infiltración que le habían asignado, las cuales se desarrollaron desde 1943 hasta 1945, aproximadamente durante un par de años. Resulta llamativo, o por lo menos curioso, que Varishov escogiera como residencia una casa en la calle 6, en Miramar, uno de los más exclusivos repartos de La Habana de entonces.

Según relata Díaz Verzón, entre los jóvenes que Varishov logró captar –y que en opinión del citado autor recibían pagas mensuales–, además del ya citado Fidel Castro, se incluían otros nombres que años después fueron también figuras de mucha importancia dentro del régimen castrista, como el de Antonio Núñez Jiménez, Alfredo Guevara, Luis Mas Martín e incluso el de *la prima ballerina assoluta* Alicia Alonso, todos ellos trabajando a favor del comunismo de manera subrepticia, pues ninguno era militante oficial del Partido Socialista Popular. De manera, pues, que la infiltración de los soviéticos en Cuba, así como la que llevaron a efecto a través de los cubanos en el resto de América Latina y el Caribe, está más que documentada y al alcance de todos, no únicamente en la obra de Díaz Verzón y otros autores, sino además en los mismos documentos del Partido Comunista de la URSS y de nuestra isla.

Bajo la consigna de "Proletarios del mundo, ¡uníos!", que sin duda impactó las mentes de muchos por el poderoso encanto que supone defender a los más desvalidos, el comunismo logró ir penetrando poco a poco sus venenosas doctrinas en nuestro pueblo y en el resto de los pueblos de Latinoamérica y el Caribe. Esa es la triste realidad que estamos viviendo ahora.

El nefasto periplo del marxismo-leninismo en Cuba, que tiene su inicio en 1925 con la fundación del primer Partido Comunista cubano y que en 1938 se fortalece con la legalización del Partido Socialista Popular, marca el itinerario tenaz de una ideología que fue duramente combatida entre 1944 y 1948 por los gobiernos democráticos auténticos de Grau y Prío, pero que reapareció embozada una vez más tras la vuelta al poder de Batista en 1952. Los dirigentes comunistas de la isla, además de intentar varios acercamientos con el régimen de Batista antes de que en 1953 se ilegalizara una vez más su organización política, se mantuvieron a la expectativa hasta casi el final de la lucha armada liderada por Fidel Castro, a la espera del momento preciso para asumir la postura que más le conviniera.

Fulgencio Batista, igualmente pragmático y como reacción al proceso de la guerra fría que ya se había iniciado entre Moscú y Washington, marcó distancia a sus viejos aliados comunistas e incluso pareció olvidar sus inicios revolucionarios en el ABC junto a los hombres que combatieron la dictadura de Machado. A finales de 1958, después del fracaso que supuso el triunfo de Rivero Agüero en las elecciones más apáticas celebradas en el país, no quedaba del otrora "hombre fuerte" de Cuba ni el más leve asomo de autoridad, mucho menos de popularidad. Debido a ello, sin duda, el gobierno norteamericano no se ocultaba mucho para mostrar que le había retirado su apoyo.

Uno de los fundadores del primer Partido Comunista de Cuba, Ángel Ramón Ruíz, solía repetir a sus amigos un comentario que le había hecho Batista cuando todavía era un símbolo de poder en la isla y coincidieron ambos en un acto público:

–Usted y yo tenemos algo en común, ingeniero. Usted es comunista y yo soy fascista. Los dos somos hombres de izquierda.

A finales de 1958, más viejo y más gordo, muy poco quedaba del sargento taquígrafo que tantas simpatías despertaba en sus colegas castrenses, del coronel que cambiaba presidentes a su antojo y del general que invadió el campamento de Columbia cuando muchos pensaban que su carrera política había concluido. Fulgencio Batista y Zaldívar se había transfigurado en un final triste, un poco menos ridículo pero también mucho menos temido que Rafael Leónidas Trujillo, cuyo abrigo no le quedó otro remedio que aceptar.

Hábiles como siempre han sido, los seguidores del Soviet enviaron de inmediato a Carlos Rafael Rodríguez, un veterano ideólogo del comunismo, a unirse a las guerrillas de la Sierra Maestra; situaron a otro veterano practicante de estas ideas, Félix Torres, en las montañas del Escambray, donde los grupos rebeldes del llamado Segundo Frente y del Directorio Revolucionario, comandados por Eloy Gutiérrez Menoyo y Faure Chomón, respectivamente, se enfrentaban con las armas al depauperado régimen de Batista; y, desde luego, contaban también con la presencia en la más alta dirección del movimiento insurreccional 26 de Julio con Raúl Castro, antiguo miembro de la Juventud Socialista, y con Ernesto Che Guevara, un decidido simpatizante de la extrema izquierda seguidor de las doctrinas de Trosky, que en última instancia no son más que variaciones sobre un mismo tema… En definitiva, se trata de la mala yerba del comunismo, sea llamada marxismo-leninismo, maoísmo, stalinismo, troskysmo o Castro-Guevarismo, como creo yo que debe calificarse en estos momento esa plaga que desde hace más de medio siglo está invadiendo el continente americano. O sea, que de nuevo Batista propició al comunismo, y en esta ocasión de manera total y por muy largo tiempo, el camino hacia el poder.

A pocos días de que Fidel Castro instalara su "revolucionario" Palacio Presidencial en el hotel Havana-Hilton, que rebautizó como Habana-Libre, se comenzó a sentir la presencia de viejos militantes stalinistas y comunistas de nueva generación, como sucedió curiosamente con las parejas matrimoniales que integraban Joaquín Ordoqui y Edith García Buchaca y Osmany Cienfuegos y Selma Díaz, entre otros muchos, que provocaron enfrentamientos con los principales dirigentes del Directorio 13 de Marzo, el ala derecha del Movimiento 26 de Julio y el responsable máximo del gobierno revolucionario en Camagüey, Húbert Matos, quien tras presentar su renuncia debió cumplir largos años de cárcel por alta traición.

La labor de zapa del marxismo-leninismo en Cuba se hace evidente desde mucho tiempo antes, cuando la mayoría de los jóvenes que reclutó Varishov durante los años 40 en La Habana fueron posteriormente destinados a realizar estudios superiores –y, desde luego, a continuar su trabajo de infiltración de las ideas comunistas – en diferentes ciudades de varios países europeos, como Checoslovaquia, pero sobre todo en nuestra América, donde fueron situados, entre otros países, en Ecuador, México, Perú, Guatemala y Venezuela; el grupo que se asignó a Caracas fue entrenado para infiltrarse en el movimiento estudiantil de la capital venezolana, propósito que cumplió a cabalidad. Una muestra más de la manipulación que han ejercido los comunistas cubanos en diferentes zonas del subcontinente latinoamericano.

De todos modos, lo que considero más inteligente en la actualidad no es precisamente elucidar quién fue o no comunista en algún momento de su vida, sino más bien quién lo sigue siendo hoy en día y continúa trabajando para que estas malsanas doctrinas no solo se mantengan sino además prosigan en aumento.

No es extraño, por tanto, que en estos momentos que es necesario enfrentar las decisiones que ha tomado el presidente de los Estados Unidos de América con relación a Cuba y que en realidad afectan negativamente en primer lugar a los propios cubanos (tanto dentro como fuera de la isla), y de paso también a otros pueblos de nuestra región que desean vivir en democracia, las consecuencias del trabajo realizado por los comunistas durante tantos años se haga particularmente presente en determinadas figuras del área que responden a las ideas de izquierda, al llamado nuevo socialismo, y que han logrado acceder al poder por vías aparentemente democráticas.

Ante este panorama, y sin la intención de insistir demasiado en lo que sería la influencia que tuvo el movimiento encabezado por Simón Bolívar, el Libertador de América, en casi todos los países latinoamericanos desde inicios hasta finales del siglo XIX, específicamente entre 1820 y 1880, con un concepto bien interesante que pretendía la creación de una comunidad geográfica y política de todos nuestros pueblos, parece evidente que los nuevos derroteros del comunismo van en otra dirección; en realidad al régimen castrista, desde que en la década de los 60 se consolidó con una estructura abiertamente socialista, el concepto de la unidad latinoamericana le interesó más desde el punto de vista económico que en cualquier otro sentido –lo que en varias ocasiones he llamado el Castro-Guevarismo, de fatales consecuencias para los pueblos latinoamericanos, ha pretendido desarrollar sus ideas comunistas apoyándose básicamente en la economía… Lo más triste de todo es que este proceso se ha ido repitiendo año por año, e incluso ha sido implementando por hombres que a veces no han tenido mucho que ver con el régimen castrista, ciertos focos individuales que sirven para confirmar el viejo adagio de que nada más que hace falta una manzana podrida para echar a perder el resto de las contiene el saco. Cuba, o más bien el comunismo cubano o el Castro-Guevarismo, como yo lo he calificado, representan esa manzana podrida en el saco del subcontinente americano.

En otro sentido, el seguimiento a la ideología de izquierda radical de los cubanos a través de los movimientos guerrilleros, que fueron creados, armados y entrenados por Castro y cuyo objetivo primordial en un principio fue desestabilizar la democracia en los respectivos países donde operaban, derivó más tarde en el crimen y el bandidismo por medio de la extorsión, el secuestro y, lo que es mucho peor, el narcotráfico organizado hasta sus más horrendos resultados.

En mi criterio, la fórmula Cuartel Moncada-Sierra Maestra-Poder Revolucionario ya no es posible aplicarla en la América Latina y el Caribe de hoy. Supongo que asimismo opinen los Castro –sobre todo después de la derrota electoral sandinista propinada por Violeta Chamorro tras haber accedido al poder por medio de las armas–, motivo por el cual Cuba se ha esforzado en los últimos años por crear nuevos métodos de infiltración para seguir manteniendo la influencia de su ideario comunista, en este caso disfrazadas con nombres como Socialismo del Siglo XXI, en muchos de nuestros países hermanos. Lo que más preocupa al respecto es que el interés mayor de este intento es lograr que, a través de la creación de una supuesta comunidad panamericana, se llegue a solidificar definitivamente el marxismo-leninismo o el Castro-Guevarismo en buena parte de la región, o incluso en todo el territorio de nuestra América.

Desde mucho antes del actual mapa político latinoamericano, se empezaron a crear condiciones para implantar los mecanismos que se han señalado. A ello responde la creación de una serie de organismos, como la CELAC y la OSPAAL que en última instancia han sido muy eficientes colaboradores para que el Castro-Guevarismo continúe envenenando nuestro entorno social, político y económico. De igual modo, algunos movimientos de izquierda como el aprismo, cuyo líder Víctor Raúl Haya de la Torre marcó una huella profunda en su época, contribuyeron a despejarle el camino a las más recientes incursiones de los comunistas cubanos con el propósito de cambiar los destinos de las repúblicas latinoamericanas.

Sería conveniente subrayar que en la coyuntura histórica en que el presidente de USA, el señor Barack Obama, está haciendo negociaciones, o más bien está haciendo concesiones a la dictadura comunista de los Castro, en ese mismo y preciso momento, Cuba está exportando soldados a Siria en el medio de una disyuntiva y una situación muy tensa que existe entre grupos que apoyan al presidente Assad y otros grupos muy numerosos que no lo apoyan. Debido a esta actitud se sitúa a Cuba, conjuntamente con Rusia y con Irán, dentro del marco de apoyo al presidente Assad, lo que yo calificaría como una actitud frontal a la posición de Obama en este conflicto, a la posición de los Estados Unidos de América con relación al conflicto sirio. Como ha sido habitual desde mucho tiempo atrás, el régimen cubano sigue adoptando posiciones de enfrentamiento ante el gobierno norteamericano, incluso ahora que el propio presidente estadounidense hace concesiones a diario para solidificar las nuevas relaciones entre ambos países.

Sinceramente yo no culpo a Obama de esta situación, y no voy a culpar a Obama porque en realidad los cubanos no hemos sabido ser buenos enemigos del gobierno de Castro. A pesar de que hemos tenido un poco más de intensidad en la información y conocemos un poco más la presencia y el trabajo de los delincuentes que desgobiernan en Cuba, a pesar de todo eso, y en particular porque no se trata de un presidente electo, sino de una dictadura, nosotros no hemos podido ser efectivos en la medida que hubiéramos querido para cambiar la política que afecta los destinos de nuestro pueblo. Este presidente norteamericano, que desde luego no es cubano, no habla nuestro idioma y que, además, tiene cierta tendencia socialista –y lo expreso de ese modo porque no tengo a mano un socialitrómetro para poder medir hasta donde alcanza su compromiso en ese aspecto–, no es más que otro utilizado que está ensartado en este dilema sin darse en verdad cuenta de lo que está haciendo, de a quién en realidad está favoreciendo. El largo período de aparente mano dura que trajo consigo invasiones frustradas, un muy discutido embargo económico a nuestra isla y la supervivencia de la guerra fría incluso después de la caída del muro de Berlín, trae ahora el inicio de un evidente cambio hacia la mano blanda que aún nadie sabe en qué podrá terminar.

No me cabe la menor duda que los servicios de inteligencia de este país, de los Estados Unidos de América, debían ocuparse más de este tipo de decisiones. Y esto no es nuevo, pues desde el mismo comienzo de la revolución castrista en toda América Latina –porque el triunfo guerrillero en Cuba tuvo una honda repercusión en todo el mundo, pero particularmente en nuestro continente– se despertó una admiración desmedida por aquella fragua que la Generación del Centenario, como la llamaron sus propios protagonistas, iniciaron con el asalto al Cuartel Moncada el 26 de julio de1953, fecha que después le dio nombre a la organización insurreccional que operó principalmente en la Sierra Maestra y que accedió al poder el mismo día primero de enero de 1959 tras la huida de Fulgencio Batista. Más adelante, a comienzos de la década del 60, Salvador Allende, senador comunista en Chile en esos momentos, alababa en sus discursos el fenómeno que para él representaba la revolución castrista, sin duda porque consideraba que su influencia comunista se extendería por los demás países latinoamericanos, incluyendo el suyo, como así ocurrió años más tarde, aunque afortunadamente por muy breve tiempo.

El panorama actual de Latinoamérica y el Caribe, a pesar de la reciente victoria de Mauricio Macri en Argentina, no anuncia que el comunismo haya sido desalojado de la región, mucho menos después que la Casa Blanca acaba de tender una rama de olivo al régimen cubano, que a partir de ahora podrá seguir influyendo con más fuerzas en los vecinos pueblos del área por medio de otras artimañas políticas e incluso tecnológicas.

El jarabe de la justicia social, receta infalible

Las ideas comunistas de los cubanos que se instalaron en el poder en 1959 se propagaron por toda América Latina y el Caribe gracias, en primer lugar, a la creencia en un remedio que en el fondo es una falacia: la famosa cucharada de la justicia social. Una falacia, o más bien un fraude, porque las medidas de la justicia social que tanto reclama el marxismo-leninismo, en la práctica son conculcadas en cuanto estos señores alcanzan sus propósitos de mando.

Como he afirmado en ocasiones anteriores, la presencia del comunismo o de los movimientos de izquierda que yo llamaría científicos –no hay duda de que funcionan con una metodología científica aprendida del stalinismo, que no deja espacio para la equivocación; son exactos en todo lo que hacen, extremadamente disciplinados y extremadamente cuidadosos–, tiene muchos aspectos que resultan sensibles a los pueblos de América Latina y el

Caribe. Si analizamos el marco de lo que sucedía, por ejemplo, en México, nos damos cuenta enseguida que a principios de la década del 60 no era Cuba el país del área que tenía el Partido Comunista más poderoso, sino que era precisamente México... Pero este concepto científico que he expresado, ya desde entonces lo manejaba Cuba antes de la caída de Batista y mucho más después con la llegada al poder de Fidel Castro, lo cual se incrementó a partir de los años 60; entre 1960 y el año 2000, se hizo sentir con más fuerza, desde Cuba, todo este andamiaje de la izquierda radical en nuestra región. Y si hay un elemento llamativo en este proceso es la miopía histórica de los gobiernos norteamericanos con relación a lo que estaba sucediendo en varios países latinoamericanos, empezando por los más pobres, después siguiendo con los llamados no alineados o del Tercer Mundo, lo que dio paso más tarde a la creación de organismos como la Tricontinental o la OSPAAAL, y así sucesivamente... Desde nuestra isla se fueron creando múltiples asociaciones con grupos diferentes, disímiles, para irse enfrentando a lo que yo entiendo que eran las oligarquías que imperaban en esos países en ese momento, avaladas por los gobiernos norteamericanos y totalmente manejadas desde la óptica de la derecha más extrema.

No es muy difícil comprender lo que ha venido aconteciendo si se analiza con un mínimo de objetividad. Como ya he apuntado, estos movimientos cuentan con una metodología científica y se apoyan fundamentalmente en el tema de la justicia social; pero además, están inspirados en la supuesta revolución castrista que desde sus inicios fue severamente doctrinaria, hostil a la libertad individual, donde los derechos ciudadanos han sido torcidos y en la que se practica de modo obvio la explotación del hombre por el estado. Sin embargo, a pesar de lo expuesto la irrupción en el marco latinoamericano de una figura tan contradictoriamente carismática como Fidel Castro ha servido para crear un proselitismo ciego en la región cuyos resultados todavía estamos padeciendo.

En mi opinión se ha establecido una especie de determinismo histórico que prácticamente se burló por completo de los conceptos defendidos por la Generación del 30, lo que fueron los avances logrados por la social democracia durante los gobiernos auténticos, plasmados en la Constitución de 1940, que por supuesto fueron rechazados por estos individuos que pretenden rescatar la justicia social. Después del año 1961, y producto del fracaso de Playa Girón –otro de los factores importantes en este ciclo de acontecimientos, pues de aquella frustrada invasión derivó que el presidente John F. Kennedy tuviera que aceptar la mal llamada revolución cubana como un hecho consumado y se convirtiera en el gigante político de América Latina–, he llegado a pensar que el Castro-Guevarismo se apoderó en muy poco tiempo del liderazgo ideológico en el área, mucho más y de manera más agresiva que lo que la revolución rusa de 1917 impactó en el marco europeo; o sea, que los cambios que se produjeron en las repúblicas nuestras de América Latina y el Caribe producto de la presencia de Fidel Castro y de su influencia comunista, fue mayor que la que Stalin logró después de la revolución del 17 en el resto de Europa. Todo eso fue posible porque estaban al alcance de la mano un puñado de pueblos que anhelaban un cambio de vida, pueblos que se mantenían en una etapa de subdesarrollo total, que padecían las condiciones impuestas por las oligarquías que campeaban por su respeto.

Algo de razón tenían estos movimientos de izquierda, si no mucha, con respecto al infalible jarabe de la justicia social. Los oligarcas latinoamericanos, grupos que estaban manejados por las extremas derechas dictatoriales, significaban un excelente caldo de cultivo para trabajar sobre los pueblos explotados y hacer que se produjera un cambio hacia el ideario comunista. Si a ello se añade la actitud pasiva, complaciente o incluso promotora de los gobiernos de USA con respecto a esta situación, se entiende con mayor claridad la clásica rebeldía antiimperialista que desde hace muchos años está latente en los pueblos latinoamericanos.

Por alguna razón, en 1992, se produjo un cambio estructural dentro del movimiento comunista, porque ya para Castro, para el Partido Comunista norteamericano y para lo que estaba sucediendo en el resto de América Latina y el Caribe, era fácil entender que la mayor parte de nuestros países, en particular los de habla hispana, se hallaban ya bajo la égida del socialismo internacional, controlados de una manera muy inteligente.

Antes de esa fecha las características de este proceso fueron que, bajo la influencia de Castro desde 1963 hasta 1967, incluyendo la muerte de Ernesto Guevara, era crear en el área un foco de acción socialista que pudiera unificar a todos los movimientos de izquierda. Esta idea concordaba con el posterior desarrollo de los movimientos guerrilleros, diseñados con la expresa intención de desestabilizar las repúblicas latinoamericanas y de paso combatir la política de los gobiernos norteamericanos en la región.

Conjuntamente con la violencia armada, el ideario comunista se hacía cada vez más presente en cualquier aspecto de la cultura, bien fuera la música o las letras, la pintura o las demás manifestaciones artísticas; en el deporte en su totalidad, aunque más particularmente en las competencias olímpicas; en la vida académica, tanto con relación con los que se encargaban de impartir los conocimientos como en los propios grupos estudiantiles, en especial en las sedes universitarias... El comunismo infiltró todos estos sectores, en el arte y en la educación y en el deporte, y de acuerdo a mi opinión en muchas ocasiones estoy seguro que los norteamericanos ni siquiera fueron capaces de advertir lo que estaba pasando, o dicho en lenguaje más popular ni se olieron lo que se estaba cocinando. A pesar de que los servicios de inteligencia de los Estados Unidos de América están considerados de alta categoría, está claro que nunca han funcionado con la eficiencia necesaria en lo que se refiere al quehacer político latinoamericano ni tampoco con respecto al movimiento comunista internacional.

La democracia, creo yo, nunca se preparó bien para semejante ataque que se le vino encima.

La democracia es, en teoría, un sistema dirigido y manejado por y para el pueblo; pero eso también puede ser una gran mentira, ya que es el pueblo quien a través del voto elige a sus gobernantes, a los que deben poner en función las decisiones que más beneficien a ese mismo pueblo, lo que en muchas ocasiones no ocurre así. En la democracia también, con cierta frecuencia, se traiciona al pueblo, pues los gobernantes, que deben acumular grandes cantidades de dinero para resultar electos, crean intereses con los cabilderos de las grandes empresas que aportan ese capital y al final responden más a esos compromisos que a los que debían cumplir con el ciudadano común... De todos modos, doy gracias a Dios por vivir en democracia en los Estados Unidos de América, un país donde puedo escribir lo que acabo de escribir, donde cada quien puede criticar lo que no le parezca correcto, donde se puede expresar cualquier criterio con la libertad más absoluta sin temer a ser excluido de la sociedad, a ir a parar a la cárcel o, lo que es mucho más trágico, que termine uno su vida frente al pelotón de fusilamiento. En un gobierno democrático pueden subsistir todos los pensamientos políticos, los llamados de derecha o izquierda, de centro derecha o de centro izquierda, y hasta los de la derecha y la izquierda más radical, aunque estimo que no hay nada más parecido a la derecha extrema que la izquierda extrema, tal vez porque en definitiva ambos buscan lo mismo: sacar el mayor provecho a costa del pueblo... En la izquierda máxima se vive en un régimen autoritario, como son los gobiernos de los países socialistas, en realidad dictaduras de estado; y del otro lado, en la derecha máxima, también se vive en dictadura, donde un solo hombre con unos cuantos amigos se enriquecen a costa de sus gobernados. Es muy difícil encontrar un punto medio entre estos dos extremos, lograr que existan gobiernos realmente democráticos que vayan en pos de beneficiar al ciudadano como objetivo fundamental. Y es tan difícil porque se necesita un elemento imprescindible, el sacrificio, hombres dispuestos a sacrificar los intereses personales a favor del bien común, característica no muy común entre la mayoría de los que se dedican a la política en cualquier sitio del planeta.

    Debe ser por eso que la receta de la justicia social, que tan buenos dividendos le ha reportado al comunismo, se considera prácticamente infalible.

Con los ojos vendados

A mí me gusta insistir en que todo lo que está ocurriendo se vio venir y sin embargo los norteamericanos no se percataron de absolutamente nada... Ante todo, claro, habría que esclarecer qué fue lo que los norteamericanos no vieron venir: para empezar, el triunfo de la revolución de Castro los norteamericanos no la detectaron con claridad, pues si lo hubieran advertido no habrían dejado ir a Fulgencio Batista o en todo caso habrían apelado y apoyado a un gobierno de transición, como está intentando hacer ahora el presidente Obama con la salvedad de que en este caso validaría una dictadura mucho más antigua y sangrienta; otro aspecto de la ceguera de los norteamericanos es que, en definitiva, no creo que les haya interesado mucho rescatar para Cuba la Constitución del 40, en principio porque la desconocieron totalmente al reconocer el Golpe del 10 de Marzo y más tarde, cuando decidieron que Batista debía dejar el poder, tampoco apoyaron el gobierno de transición que mencioné antes ni ejercieron presión alguna para que Fidel Castro aceptara bajar de la Sierra Maestra para insertarse en la vida política nacional, sino que de nuevo reconocieron a otro gobierno de facto; otro aspecto clave de este asunto es la invasión de Playa Girón o Bahía de Cochinos, como la llaman los norteamericanos, pues si el gobierno de Kennedy hubiera apoyado la misma hasta sus últimas consecuencias el destino de Cuba hubiera sido otro en la actualidad, sólo que ese experimento bélico fue preparado con la clara intención de que fracasara, y siempre he pensado que la traición, manejada de una manera fría y calculada, dejó a nuestros hombres de la Brigada 2506 a mansalva de la revancha de Castro. Esta lista de calamidades, que no son todas, señalan directamente la ineficiencia de los diferentes gobiernos de los Estados Unidos de América y de paso de sus servicios de inteligencia, que deberían sentirse avergonzados por toda la porquería que le ha echado encima a un país vecino como Cuba, que además fue uno de sus más cercanos aliados durante largo tiempo.

 Retomando el tema de la expedición traicionada de Bahía de Cochinos, y en particular de sus funestos resultados en todo sentido, vale añadir que la frustrada invasión contra Castro le sirvió al gobierno estadounidense como termómetro para medir la reacción ante tal hecho en el mundo entero, aunque muy particularmente en los países latinoamericanos; también, desde luego, fue la mejor vía para conocer la respuesta que darían el régimen y el pueblo de Cuba al desembarco planeado por la CIA, así como la actitud que asumiría al respecto el exilio isleño, particularmente en Miami. Por último, Playa Girón podría servir también para que el gobierno de la Unión norteamericana pudiera negociar con Cuba la suerte de los brigadistas como si se tratara de un producto comercial, un paquete mercantil, y eso fue lo que se hizo al final de esta triste experiencia.

Con la derrota de la invasión en apenas 72 horas, ganó la llamada revolución cubana y, en especial, ganó Fidel Castro, quien se convirtió a partir de ese momento en una figura venerada, pues se trataba de un redivivo David que había enfrentado y vencido a Goliath, el audaz y valiente líder de una pequeña isla capaz de derrotar al temido, poderoso e implacable imperio más grande del universo.

Un suceso semejante resultó en extremo impactante, sobre todo para nuestros pueblos que han puesto de manifiesto un desprecio eterno por la democracia norteamericana y que ya andaban rastreando dentro de su entorno un camino que los condujera al socialismo.

Finalmente, en esta cadena de errores, tampoco los norteamericanos se percataron del daño que representó para el progreso social de la región las oligarquías de derecha que se habían adueñado de varios países latinoamericanos y que se mantuvieron tanto tiempo en el poder gracias al apoyo que recibieron de los Estados Unidos de América. Una larguísima comparsa de dictadores, desde Trujillo hasta Tacho Somoza, pasando por Stroessner, Pinochet y hasta el propio Fulgencio Batista, y alguno otro más que no vale la pena incluir, conformaron durante años el montaje político que tenía la aprobación del gigante del norte porque así sacaban múltiples ventajas con la presencia de estos amables dictadores en las más altas esferas del poder en Centro y Sur América y el Caribe.

Voy a poner un ejemplo de muy fácil comprensión para cualquiera con la intención de ilustrar lo sucedido: si yo, como ciudadano norteamericano que soy monto una empresa, una industria, una fábrica en cualquier país latinoamericano –sin mencionar a ninguno en específico para no ofender a nadie– por lo primero que me voy a preocupar es que el edificio donde se instale la misma luzca muy bien, que se vea bonito, que el césped se mantenga bien cortado, que resulte útil para las funciones que va a realizar y, sobre todo, que se pueda implantar de inmediato un programa de promoción que logre vender la mayor cantidad de artículos que allí se produzcan; se trata de un negocio, y en un negocio lo esencial es que las ganancias superen las inversiones… Pero nada de lo señalado tiene que ver, en realidad, con la seguridad de los trabajadores que laboren en ese negocio, con el salario justo que deberían devengar, con los derechos que respalden a dichos trabajadores, con un Ministerio de Trabajo bien organizado que vele porque se cumplan esos derechos, con leyes que no permitan la explotación del trabajo infantil u otros abusos semejantes… En fin, con el imprescindible andamiaje social que logre equilibrar cada una de las partes. Al no existir dicho equilibrio en los regímenes latinoamericanos a que se ha hecho referencia, el resultado fue el siguiente: los propios pueblos se han encargado de desembarazarse por cualquier medio de esas dictaduras oligárquicas e iniciaron el tránsito hacia gobiernos socialistas que les proponían la ya comentada receta mágica de la justicia social. De ese modo se ha llegado al momento crítico que padece en la actualidad América Latina, asediada por el comunismo de nueva factura, el Castro-Guevarismo que se ha venido adueñando de gran parte de nuestros países hermanos a lo largo de más de medio siglo.

Hombres sin nombres en las sombras

Me parece que hasta el momento he demostrado a cabalidad que el comunismo –o cualquiera de las múltiples variantes que pueda asumir el clásico emblema de la hoz y el martillo– ha sido el verdadero enemigo invisible de la democracia en América Latina y el Caribe. Sin embargo, existen exponentes de esas doctrinas que incluso son más invisibles que las propias ideas que profesan, hombres que durante años han trabajado en las más oscuras sombras y que aún hoy permanecen sin identificar por la gran mayoría. Uno de esos hombres, aunque no el único en modo alguno, es un individuo que respondió al nombre de Osvaldo Sánchez Cabrera, de quien he hecho mención en este libro en varias ocasiones.

Este señor tuvo una vida de principio a fin marcada por la violencia. Desde que el joven Osvaldo, a los 19 años, ingresó al comunismo en su natal Vereda Nueva, un pueblito habanero del municipio de San Antonio de los Baños, fue entrenado como operativo de misiones de alto riesgo, por lo general clandestinas para no empañar el prestigio de la organización; quizá se pueda argumentar en este sentido una influencia familiar, ya que según algunos testimonios sus padres eran de fuertes tendencias anarquistas. En una entrevista telefónica que Félix José Hernández le hizo en mayo de 2011 a Roger Redondo González, combatiente de las guerrillas del Escambray que enfrentaban la dictadura de Batista, con motivo de esclarecer los conflictos de poder que existieron entre Gutiérrez Menoyo, Faure Chomón, Plinio Prieto, comunistas de la zona como Arnaldo Milián, Armando Acosta u Honorio Muñóz al llegar a ese territorio un representante del Movimiento 26 de Julio como Víctor Bordón y más tarde el mismo comandante Ernesto Che Guevara, se señala que Sánchez Cabrera trabajó para la OSS, una agencia de servicios secretos norteamericano precursor de la CIA, probablemente como agente infiltrado si se tiene en cuenta su fidelidad posterior a Moscú a toda prueba; en ese mismo material, divulgado extensamente por internet, también se menciona su participación en la Guerra Civil Española, su matrimonio con la también militante comunista Clementina Serra y su estancia en la Unión Soviética donde se especializó en trabajos de inteligencia. En anterior ocasión informé que este individuo llegó a alcanzar el grado de coronel en la KGB y que fue fundador del G-2 y del Ministerio del Interior después del triunfo insurreccional de Fidel Castro, pero habría que añadir que antes de 1959 ya había sido nombrado inspector general de todos los partidos comunistas del continente americano (exceptuando los de USA y Canadá), que tuvo una activa participación en Guatemala durante el gobierno de Jacobo Arbenz y que se entrevistó al menos en dos ocasiones con Castro, la primera en México antes de zarpar el yate Granma hacia Cuba y la segunda en plena Sierra Maestra, donde sin duda negoció la presencia de Carlos Rafael Rodríguez en la guerrilla del Movimiento 26 de Julio. De acuerdo a algunos conocedores de estas negociaciones, era notorio que a Osvaldo Sánchez Cabrera se le considerado un infiltrado de Moscú en el movimiento insurreccional cubano, lo cual no impidió que se le encargara una tarea de máxima responsabilidad cuando se dio inicio a la invasión del llamado Ejército Rebelde hacia el resto del país; fue él quien, en compañía de Wilfredo Velázquez, a quien entonces sólo se le conocía por el apodo de *el Compañero José*, otro de los comunistas sin nombre que siempre trabajó en las sombras y que aparece implicado en el asesinato de Sandalio Junco en 1942, el que sirvió de avanzada en un destartalado jeep a los hombres de Camilo Cienfuegos y Ernesto Guevara para asegurarles a la entrada de cada pueblo que el camino estaba despejado y podían continuar su avance hacia occidente. Según también se asegura, el hermetismo que existía alrededor de este hombre era tal que incluso sus propios camaradas no lo llamaban por su nombre, sino que se referían a él como *la Bestia Roja* o *la Bestia Rusa*. Esta versión real del célebre agente 007 creado por Ian Fleming, murió acribillado a balazos cuando su avioneta particular aterrizaba en el aeropuerto de Varadero en 1961, evento que fue oficialmente reportado por el régimen castrista como producto de una lamentable confusión sufrida por las tropas que protegían la instalación.

No es preciso ser muy listo para sospechar que este este incidente se parece demasiado a otros donde aparentemente balas amigas eliminan por error a figuras comprometidas en sucesos muy controversiales, como ocurrió con la muerte del comandante Manuel (Piti) Fajardo tras la extraña desaparición de Camilo Cienfuegos después que le ordenaron arrestar a Húbert Matos en su comandancia camagüeyana.

Este tipo de tareas fueron las que siempre cumplió Osvaldo Sánchez Cabrera a lo largo de su oscura existencia que todavía apenas conocen unos pocos.

Yo hice una prueba en ese sentido: reuní a un grupo de amigos colegas médicos, que aparte de sus conocimientos científicos están muy al tanto del proceso político cubano, para averiguar si conocían a este hombre. Resultado de la pesquisa– nadie sabía quién era él, jamás habían oído ese nombre. Es increíble que al cabo de tanto tiempo transcurrido alguien con la hoja de vida de Osvaldo Sánchez Cabrera sea para la mayoría de los cubanos un nombre sin la más mínima significación en nuestra historia. La invisibilidad del enemigo se hace en estos casos prácticamente del todo absoluta, factor que ha sido muy bien aprovechado por el comunismo en todas las épocas.

Precavido y astuto, como ha mostrado ser Fidel Castro a lo largo de toda su trayectoria política, ha sabido sacar ventaja de estos hombres cuando así lo necesita y tener la habilidad para deshacerse de ellos en el momento que más le convenga. Con algunas variantes, ya que se trataba de figuras con indudable relevancia pública, ha ocurrido lo mismo desde que Manuel Urrutia Lleó fue víctima de un golpe de estado mediático hasta que Arnaldo Ochoa y Tony de La Guardia fueron ajusticiados oficialmente, pasando por la desaparición de Camilo, el encarcelamiento de Húbert Matos, la muerte súbita de Pepe Abrahantes y el raro accidente donde pereció Manuel Piñeiro, son apenas un resumen mínimo que pone de manifiesto este de tipo de prácticas abominables.

Desde que Castro se percató del peso y la influencia que había logrado en nuestro subcontinente tras la victoria de Playa Girón, su ego pareció aumentar de modo descomunal. También se percató desde entonces que debía echar a andar una maquinaria de infiltración que le permitiera no sólo mantener esa influencia, sino además robustecerla al máximo para que su poder en el área llegara a su máxima expresión, lo cual sin duda ha conseguido.

El primer paso en ese sentido, el número uno de su agenda de entonces, fue controlar paso a paso los medios de comunicación masivos, específicamente los periódicos, para que apoyaran y promovieran sus intereses; una serie de periódicos cubanos que se editaban en esa primera época revolucionaria, y que muy poco después fueron intervenidos por el régimen, contribuyeron en gran medida al proceso de consolidación del ideario fidelista en la isla y que el mismo se propagara por otros países latinoamericanos... Un elemento a tener muy en cuenta durante esa etapa fue la creación de la agencia Prensa Latina, dirigida inicialmente por el argentino Jorge Massetti y donde se insertó desde un principio Gabriel García Márquez, célebre autor de *Cien años de soledad*, Premio Nobel de Literatura y, finalmente, amiguísimo del dictador cubano, del que recibió innumerables dádivas más que por su talento literario por los recados privados que a través de él le envió a varias figuras de la política mundial, como el español Felipe González, el panameño Omar Torrijos o el Presidente de los Estados Unidos de América en ese momento William B. Clinton.

Después que empezaron a darse cuenta del poder que ya tenía en Centro y Sur América y el Caribe el régimen castrista, demasiado tarde ya, los norteamericanos dieron inicio a lo que yo llamaría una contra ofensiva en la región. De hecho fue Kennedy primero, antes de ser asesinado, y después Lyndon B. Johnson, los dos presidentes de la Unión estadounidense que pusieron en marcha la llamada Alianza para el Progreso, obviamente con la intención de reparar los errores cometidos con anterioridad en la región. Pero lo que pretendía conseguir la Alianza para el Progreso debió estar dirigido esencialmente al desarrollo de los cultivos, de la minería, de la educación, para crear infraestructuras, protección en el trabajo, para evitar la explotación del trabajo infantil, para pagar sueldos decorosos... Sin embargo, esa Alianza para el Progreso desde que arrancó se utilizó en mi opinión –y yo puedo estar equivocado en ese aspecto– para poner una serie de trabas a América Latina en sus relaciones con la Cuba de Castro. Kennedy sabía que tenía a 90 millas de sus costas a alguien del cual había que cuidarse, y de hecho otros dirigentes estadounidenses también lo sabían, como el propio Nixon, vicepresidente de los Estados Unidos de América cuando Fidel visitó por primera vez su país tras el triunfo insurreccional y le comentó al entonces presidente Dwight D. Eisenhower que había que tener mucho tacto con el guerrillero cubano porque era alguien muy difícil de manejar. Y tan verdad fue esto que entre los años 1963 y 1967, bajo la batuta de Fidel Castro se empieza a desarrollar un plan de acción que incluía la Conferencia Tricontinental, cuyo intento era reunir a los países del ala más pobre del mundo, Asia, Africa y América Latina, los tres continentes a que se refiere el nombre de la citada reunión, que más tarde se definió políticamente bajo el rubro de países no alineados en organizaciones como la OSPAAL.

En realidad, la Tricontinental nace de la confluencia de dos pensamientos que justamente se juntan en Cuba, uno de ellos el de Ernesto Che Guevara, bien conocido por todos los cubanos, y el otro el de Mehdi Ben Barka, que era un comunista marroquí que aliado a Guevara había empezado a desarrollar este pensamiento acerca de los tres continentes apuntados. Más tarde, este pensamiento se consolidó en la Organización de Solidaridad con los Pueblos de Asia, Africa y América Latina, conocida por su sigla OSPAAAL, como se apuntó antes. A través de esta organización, según documentos publicados por autores que se han ocupado del tema, se llevó a cabo un intenso trabajo de infiltración comunista en nuestra área, principalmente en Centro América, porque era un territorio fácil, un sitio donde podía germinar con éxito esa mala yerba– el Frente Nacional Farabundo Martí, el Ejército de Liberación de El Salvador, el Frente Francisco Morazán en Honduras y los sandinistas en Nicaragua son claros ejemplos de este proceso; incluso quisieron también ingresar esos focos guerrilleros en Guatemala, donde muchos años antes, en 1950, Guevara había estado, en compañía de Jorge Risquet y de otro comunista cubano llamado Severo Aguirre, un hombre brillante en la tarea proselitista, como asistentes a una reunión de la Juventud Comunista que tenía como objetivo principal crear un movimiento de izquierda radical que uniera desde el punto de vista ideológico a la región. El presidente de Guatemala en ese entonces era Jacobo Arbenz, quien fue destituido de su cargo más tarde por Carlos Castillo de Armas, que según creo ni siquiera era guatemalteco y que fue la figura seleccionada por el propio gobierno norteamericano y del cual después también se desembarazaron. A pesar de lo expuesto, Castillo de Armas logra imponer su mando en ese momento, Arbenz abandona el país y cuando intervienen los servicios de inteligencia norteamericana dentro del contexto de su embajada en Guatemala, se asegura el hallazgo de un libro que parece haber sido propiedad del Che –el mismo que cuando fue nombrado presidente del Banco Nacional de Cuba tuvo la desfachatez de firmar los nuevos billetes ilustrados con efigies de guerrilleros con ese mismo apodo que le daban en la Sierra Maestra–, libro que trataba del concepto de la revolución permanente que León Trosky había elaborado con el apoyo del creador del surrealismo André Bretón y otras destacadas figuras de la intelectualidad de la época. Guevara perdió ese mismo libro otra vez en Africa, posiblemente durante su fracasada incursión bélica en el Congo. Tal vez esta doble pérdida simbolice de algún modo que la ideología comunista anda regando su mala semilla por cualquier sitio del planeta.

Por otra parte, también he señalado la revelación hecha por el historiador Salvador Díaz Verzón con respecto a que Castro cuando todavía era un adolescente, a los 17 o 18 años según este destacado historiador, ya había sido captado para trabajar como operativo del comunismo internacional junto a un nutrido grupo de jóvenes cubanos permeados por las ideas socialistas.

Estos elementos serían más que suficientes para sospechar que Fidel Castro, desde sus días universitarios, cuando intentó lograr un acta de representante afiliado al llamado Partido Ortodoxo que lideraba el doctor Eduardo Chibás Rivas, más tarde al reclutar cientos de muchachos algunos de los cuales se inmolaron en el asalto al cuartel Moncada, con la creación del movimiento insurreccional 26 de Julio y, por último, durante el poco tiempo que después de haber accedido al poder se presentó como el líder máximo de "una Revolución tan verde como nuestras palmas", al menos ya llevaba dentro el germen de la ideología socialista, fascista o comunista que a partir de los tempranos años 60 aplicaría en la isla y se empeñaría en promover a lo largo y ancho de América Latina e incluso en otras zonas del planeta.

Resulta increíble que ninguno de los diferentes gobiernos norteamericanos que han tenido que lidiar con lo que yo llamo Castro-Guevarismo no hayan advertido hasta muchos años más tarde, cuando ya prácticamente era imposible detener su avance, signos tan evidentes como los que acabo de exponer.

Lo que sucedió en América Latina y el Caribe durante esos años en que Cuba solidificó su influencia en la región pone al relieve el trabajo brillante que se llevó a cabo en la preparación de esos grupos de izquierda latinoamericanos, que en verdad lo que querían era imitar en algo los procedimientos que había ya implantado el régimen de Castro, no que fuera una copia exacta del mismo, entre otras razones porque la propia URSS tampoco estaba de acuerdo en que se mantuviera una actitud intransigente al respecto.

Era obvio, sí, que la presencia de focos insurgentes era una realidad ya en muchos países del área, pero la estrategia que por otra parte se puso en acción fue crear organismos como la ya mencionada OSPAAAL que, a la vez que apoyaban y promovían el camino de la violencia, los arropaba con un manto de supuesta legalidad institucional. Y, sin la menor duda, fue una táctica que resultó exitosa.

Producto de los cambios que se produjeron a continuación en este marco descrito antes, y entendiendo los cubanos que estaban perdiendo terreno con los norteamericanos, los soviéticos aprovecharon esa coyuntura y empezaron a rapiñar los aires acondicionados, los muebles, los adornos y hasta las prendas de vestir que había dejado atrás la burguesía cubana en su apresurada fuga. Son muchos los cuentos que yo he oído, pues en esa época ya no vivía en Cuba, acerca del total despojo que prácticamente llevaron a cabo estos señores en la isla entera y sus cayos adyacentes.

Nada de eso se tuvo en cuenta por los pueblos latinoamericanos ante el entusiasmo que provocaba la figura de Fidel Castro y su aparentemente revolución ejemplar. Todos los grupos que conformaron el movimiento guerrillero de Centro y Sur América y el Caribe pretendían luchar contra el latrocinio de los gobiernos que decidieron combatir con las armas, pero en realidad ellos mismos eran todavía más que ladrones, bandoleros sin escrúpulos de ninguna clase que practicaron el chantaje, el secuestro e incluso el asesinato en sus más crueles versiones, y que implantaron en toda la zona el narcotráfico como recurso financiero para continuar sus prácticas subversivas y para enriquecer a los cabecillas que las mantenían en vigor.

Una de las personas que más ayudó a Castro, específicamente a partir del año 1970, en su empeño por controlar América Latina fue Salvador Allende, su amigo personal a quien le regaló una ametralladora, creo que una AK-47, con la que se ha dicho que se suicidó en el Palacio de la Moneda producto del golpe de estado dirigido por Pinochet. Allende fue de gran importancia en ese momento para los intereses de Cuba, porque cuando llegó a la presidencia de Chile el movimiento socialista en nuestra América comenzó a crecer producto a que había establecido un nuevo bastión en el cono sur, a lo que se sumaron a continuación Panamá en Centro América y en cierto modo Perú, que debido al aprismo tenía una tradición de izquierda moderada, todavía dentro de la social democracia

Varios países latinoamericanos habían decidido, según las enseñanzas de Fidel Castro, que era necesario luchar en contra de lo que él llamaba "el imperialismo yanqui", el causante principal de la pobreza en los pueblos de Latinoamérica, pensamiento que también era compartido por la llamada Teología de la Liberación, impulsada por los brasileños Frei Betto y Leonardo Boff a partir de los años 70, poco después de la muerte de Ernesto Guevara.

En particular Carlos Alberto Libánico Christo, hijo de un periodista y de una autora de libros de cocina, que al ingresar en la orden de los dominicos se empezó a llamar Frei Betto, fue otra de las personas que más ayuda le dio a Fidel Castro y al comunismo cubano en nuestro subcontinente. Betto, amigo personal de Luis Ignázio Lula da Silva y colaborador de la organización guerrillera ALN (Acción Libertadora Nacional), no sólo escribió un libro titulado *Fidel y la religión*, sino que además ha asesorado a Cuba, al igual que a la Unión Soviética, China, Polonia, Checoslovaquia y Nicaragua, respecto a las relaciones que deben existir entre esos respectivos gobiernos y la Iglesia Católica. En su mencionada Teología de la Liberación, donde "la opción preferente es para los pobres", los cánones que allí se plantearon miraban con muy buena fe y muy buenos ojos al movimiento Castro-Guevarista. Desde luego que el mismo Frei Betto devino, al igual que García Márquez, amigo íntimo de Castro. Y de paso, de los grupos guerrilleros que han asolado a nuestros pueblos durante años, tanto rurales como urbanos, y de los cuales el comunismo internacional se ha beneficiado, al igual que de todas las organizaciones que, en un entorno pretendidamente civil, terminaron apoyando sus acciones bélicas.

Fidel Castro trabajó brillantemente en todo este proceso, logrando que la ideología comunista, lo que era prácticamente en ese momento el socialismo en extinción, se revitalizara en América Latina y el Caribe y su mensaje prendiera con increíble fuerza en la llamada izquierda de nuestros pueblos. En el cauce político de esa época fue que, en realidad, nacieron estos movimientos insurreccionales, que no eran más que grupos que no buscaban reivindicaciones sociales, sino que tenían como principal objetivo solidificar el ideario comunista en la región.

Lo más lamentable de todo lo que se ha expuesto es que, después del saldo de horror, sangre y violencia que desataron en muchos países latinoamericanos los grupos insurreccionales armados y entrenados por el régimen castrista, es ese propio régimen quien ahora recibe en La Habana a bombo y platillo a los representantes de las Fuerzas Armadas Revolucionarias de Colombia (FARC), entre los que destaca alguien tan impresentable como su dirigente máximo, un señor que responde al nombre de Timochenko. Ahí, en la capital del país que prendió la llama de la insurgencia ligada al bandidaje, el asesinato y el narcotráfico, se llevan a cabo desde hace meses las negociaciones que pretenden lograr la paz en Colombia, auspiciadas por su mismo presidente Juan Manuel Santos y por el actual jefe del régimen cubano, Raúl Castro; lo que en verdad está haciendo Raúl es poner su mano protectora sobre estas negociaciones y de paso enviar un mensaje claro al actual presidente norteamericano: ojo, Barack

Obama, mira lo que estoy a punto de conseguir para que las cosas vuelvan a su lugar por estas tierras... Es decir, que ya no existe la más mínima excusa para mantener a Cuba en la lista de países terroristas. Y no cabe la menor duda de que el gobierno de los Estados Unidos de América dio muy pronto clara respuesta al mensaje del más pequeño y baboso de los Castro y ha accedido a que la isla de Cuba, o en todo caso la oprobiosa dictadura que durante más de medio siglo la ha esquilmado, sea excluida de un selectivo grupo de países infames que promueven el terrorismo y entre los cuales siempre ha tenido los mayores méritos para continuar presente.

Sería bueno precisar que no fue hasta el año 1990 que el Partido Socialista de los Trabajadores de Brasil organizó el famoso Foro de Sao Paulo, del cual se ha hablado mucho y que sin duda tuvo un valor enorme. Pero yo entiendo que, en última instancia, el Foro de Sao Paulo y el mismo Partido Socialista brasileño no es más que un apéndice de la Organización Mundial de Trabajadores, que a su vez fue el eje principal del movimiento comunista de los trabajadores soviéticos y que lo dirigió por mucho tiempo Vicente Lombardo Toledano, un movimiento de obvio corte stalinista.

Cuba, o más bien Fidel Castro, que prácticamente había sido dejado de lado por el Foro de Sao Paulo a causa de las circunstancias que se produjeron en ese momento, vio que la verdadera posibilidad de incluirse dentro de los grupos importantes de intercambios comerciales dentro de los Estados Unidos de América con los demás países —posibilidad que con relación a Cuba estaba bloqueada por el mismo gobierno norteamericano— radicaba en los pueblos más pobres del Caribe, en esas islitas donde aún impera una atroz miseria. Y aunque parezca increíble, la ayuda mayor que recibió en ese sentido fue la del Partido Comunista de Haití, de hecho uno de los países más pobres de todo el planeta. La dirigencia de los comunistas haitianos llevó a cabo un trabajo extraordinario de apoyo a Cuba con los demás países más menesterosos del ámbito caribeño.

La Organización de Estados Americanos (OEA), que desde hace mucho tiempo ha devenido en mecanismo ocioso y obsoleto, resultó prácticamente inservible ante la CELAC, organismo que reúne a la comunidad de estados de Latinoamérica y el Caribe, los más ricos y los más pobres, y que es en realidad la base fundamental de los movimientos de izquierda en la región y la que ha producido todos los cambios a favor de dichas ideas en América Latina y el Caribe.

El propio presidente Barack Obama está muy atento a esta situación, ya que es consciente de que en ningún momento se va poder sentar a discutir con nadie en el subcontinente latinoamericano después que Castro logró que la OEA acepte a Cuba producto de la presión que ejerció la CELAC, que como he repetido en varias ocasiones es el organismo que realmente maneja el rubro económico en nuestros países, hecho que perjudica en grado sumo a la nación norteamericana.

Derechos humanos en la social democracia cubana

Uno de los momentos más significativos de la democracia en Cuba fue la participación de nuestro país en la Declaración Universal de los Derechos Humanos, hecho que tiene su culminación en el año 1948 pero que se remonta aún más atrás. El inicio de este documento de trascendencia universal quedó establecido para la República de Cuba y plasmado en la Constitución del 40 como consecuencia del programa de avanzadas leyes sociales que llevó adelante el Partido Revolucionario Cubano (Auténtico), logro alcanzado gracias a la determinación de los hombres que lo integraban en esa época.

En primer lugar, entre esos hombres habría que mencionar al doctor Ramón Grau San Martín, quien desde su inicial mandato presidencial en los años 30 hasta que ocupó de nuevo la primera magistratura de la nación en el período de 1944 a 1948 al frente del Partido Auténtico de tendencia social demócrata fundado en febrero de 1934, se empeñó en concebir y concretar un complejo legislativo que a mi entender situó a Cuba en una posición de privilegio en el siglo XX, más que por ninguna otra razón porque sirvió para consolidar nuestra soberanía nacional, empeño que quedó plasmado con incuestionable firmeza en la firma definitiva de la Declaración de los Derechos Humanos gracias a la vertical actitud que mantuvo la delegación cubana en dicho proceso

Desde hace muchísimo tiempo, tanto como en el año 539 a. C. (antes de Cristo) con el llamado Cilindro de Ciro en la antigua Persia, que muchos expertos consideran el más antiguo documento sobre el tema, a pesar de que otros se refieren al rey Juan de Inglaterra, que en 1215 de nuestra era fue obligado por sus súbditos a firmar la primera Carta Magna con relación a los derechos inalienables que se deben reconocer al ser humano, e incluyendo otros intentos realizados en ese sentido en la misma Inglaterra en 1689 y en particular en Francia exactamente un siglo después con la Declaración de los Derechos del Hombre y el Ciudadano, se han librado en todo el mundo arduas batallas con el objetivo de que se hagan realidad los mismos, de que estos derechos se cumplan a cabalidad. Por supuesto que la tarea no ha sido sencilla, que al cabo de tantos años de lucha aún persisten la injusticia y el desamparo, incluso el atropello ante las necesidades mínimas del ciudadano.

Sin embargo, ante la hecatombe que significó para la humanidad la Segunda Guerra Mundial, medio centenar de países lograron ponerse de acuerdo para que jamás se repitieran dichos horrores y tras dos años de deliberaciones de toda índole acerca de este delicado asunto se llegó a firmar en París la Declaración Universal de los Derechos Humanos en diciembre 10 de 1948, por lo que a partir de 1950, tras acordarlo así la Asamblea General de la Organización de Naciones Unidas (ONU) cada año se celebra ese día con júbilo en todo el planeta, con las excepciones de aquéllos países que viven bajo regímenes autoritarios y despóticos, como sucede en la Cuba de hoy.

La señora Eleanor Rooselvert, viuda del ex presidente norteamericano Franklyn D. Rooselvert, fue la que tuvo a su cargo la presidencia de la Comisión de Derechos Humanos en las Naciones Unidas desde 1946 hasta 1951, asesorada por especialistas de varios países que redactaron el texto final del documento.

En el año 1945, entre febrero 21 y 8 de marzo, se celebró en Chapultepec, en Ciudad México, una reunión especial de la Conferencia Interamericana para debatir acerca de los problemas de la paz y la guerra, a la que asistieron todos los países del continente, con excepción de Argentina que más tarde se adhirió al Acta Final con la que culminó el evento. La representación cubana a dicha conferencia fue una de las más numerosas, integrada por 15 delegados, entre los que sobresalían figuras de tanto renombre como Gustavo Cuervo Rubio, Guillermo Belt, Ramiro Hernández Portela, Manuel Bisbé, Enrique Núñez Portuondo, Gonzalo Güell, Manuel Dorta Duque, Eduardo Chibás, Gustavo Gutiérrez Sánchez y Ernesto Dihigo López Trigo, entre otros.

En esa oportunidad se debían examinar una serie de propuestas sobre los derechos ciudadanos que afectaban de un modo u otro a las repúblicas latinoamericanas, en particular a las de habla hispana. Edward R. Stettinius Jr., miembro líder de la delegación norteamericana, que también incluía al millonario y político Nelson Rockfeller, había solicitado a todas las naciones americanas que debían aceptar sin discusión las propuestas antes mencionadas... Pero el entonces presidente de la República de Cuba, doctor Ramón Grau San Martín, ante la posición imperativa adoptada por el mencionado Stettinius Jr., nombró a la conferencia una delegación que estaba integrada por hombres que nuestra historia recoge como verdaderos paladines, figuras muy importantes no únicamente en relación con los derechos humanos, sino también como defensores de todas las libertades civiles y sociales de la nación, como es el caso de Cuervo Rubio, que asumió la presidencia de la misma. El presidente Grau y la delegación mencionada celebraron muchos cambios de impresiones con el propósito de acordar una serie de enmiendas a lo que originalmente había sido la Carta de los Derechos Humanos y presentarlas en Chapultepec para que se llevaran a cabo modificaciones en el texto inicial. En un principio no creo que se le prestara mucha atención a los planteamientos de los cubanos, pero como relató más tarde el propio Dihigo y también Gutiérrez Sánchez, las razones que ellos establecieron, representando los valores de América en general, de la América hispana en particular e incluso los valores específicamente de nuestro pueblo, de los cubanos, tuvieron que ser escuchados porque las propuestas de modificaciones presentadas eran de un peso indudable.

Al final, a pesar de los esfuerzos hechos por la delegación norteamericana, el Acta Final de Chapultepec se modificó tomando en cuenta los señalamientos de la delegación cubana. El doctor Grau mantuvo en todo momento una posición sumamente enérgica al respecto, y además lo hizo saber de manera muy transparente por medio de Gustavo Cuervo Rubio, que ocupaba además el cargo de Ministro de Estado del gobierno de Cuba en esos momentos. El resultado de tan digna actitud se concretó en la Resolución Número 30 sobre la creación de un organismo internacional que tuviera el objetivo de rechazar algunas propuestas iniciales del documento porque no representaban los intereses individuales del ser humano en una sociedad civilizada.

Cuando se discutieron de nuevo estos temas en un encuentro que tuvo lugar en la ciudad de San Francisco, en los Estados Unidos de América, donde cada país iba a tener la oportunidad de defender no solamente sus posiciones sino también de evaluar lo que estaba sucediendo en otros ámbitos, la delegación de Cuba, presidida en ese momento por el doctor Guillermo Bell y en la que también se incluía a Dihigo López Trigo, insistió en que las decisiones de ese evento se ajustaran a los principios de las declaraciones aprobadas en Chapultepec, planteando que además se debían adoptar de inmediato.

El canciller panameño Ricardo Joaquín Alfonso, que en la década del 30 había sido presidente de ese país, realizó un fervoroso alegato a favor de los pueblos latinoamericanos en lo que se refiere al contexto de los derechos del hombre. La delegación de Cuba, desde luego, lo apoyó de manera incondicional. Gracias a ello, el texto definitivo de la Declaración Universal de los Derechos Humanos contiene las enmiendas defendidas en primera instancia por los representantes de la social democracia cubana.

En 1947 los cambios históricos que se producían en el mundo impactaban de una manera muy directa a aquella decisión que la Asamblea General de las Naciones Unidas iba a abrazar un año después, de manera que en un siguiente encuentro celebrado en Ginebra, precisamente el mismo Ricardo Alfaro, ardiente defensor de los derechos del hombre, y en particular del hombre americano, enarboló como bandera lo que había sucedido hasta aquel entonces, recordando que tanto Cuba, como Panamá y México habían sido las primeras naciones que plantearon la necesidad de hacer una declaración de derechos del individuo, de derechos de la humanidad.

La delegación cubana participó en todos los debates que convocó la Asamblea General de las Naciones Unidas y que finalmente se aprobó en Paris en diciembre de 1948 Y tocó en suerte que el representante de Cuba en aquella instancia fuera otro gigante de la social democracia en nuestra República, el doctor Guy Pérez Cisneros.

Por esa época, desde luego, la persona que ocupaba la presidencia del país era el doctor Carlos Prío Socarrás. Washington, habilidoso una vez más, se las arregló para pasarle la cuenta a Grau, como se dice que él mismo comentaba con sus allegados, y esperó a que se produjera el cambio en el alto mando de la isla para que finalmente fuera firmada la Declaración Universal de los Derechos Humanos; de todos modos los cambios propuestos por Cuba finalmente se incluyeron en el documento, pero el mismo no se hizo público hasta que Ramón Grau San Martín concluyó su estancia en el Palacio Presidencial de La Habana. Y hasta cierto punto se entiende ese proceder si se consulta el historial previo y el interés del gobierno de los Estados Unidos de América por aquellos hombres que aún antes de haber sido creado el Partido Revolucionario Cubano (Auténtico), integraron un gobierno revolucionario después de la salida de Gerardo Machado del poder, hombres que promovieron tantas leyes de transición que al ponerse en práctica durante los gobiernos constitucionales de 1944 a 1948, otorgaron a Cuba un escaño muy especial entre los países que respetaban la familia, la sociedad y, sobre todo, la libertad del individuo como base fundamental del crecimiento de la nación.

Hoy, probablemente muchos cubanos, incluyendo a los que viven fuera de la isla, se refieran de una manera muy superficial a la Declaración Universal de los Derechos Humanos. Es cierto que en todas partes del planeta existe un apoyo consistente a este documento, y de hecho han proliferado en las Naciones Unidas voces que lo defienden con total entereza, pero también es cierto que nadie en definitiva condena las constantes violaciones que se llevan a cabo en varios países del mundo de esos mismos derechos humanos que la citada declaración intenta proteger; es obvio que, sobre todo, en naciones donde todavía predominan las ideas marxistas-leninistas, o de filiación comunista o socialista de cualquier tipo, como ocurre no sólo en Europa y Asia con Rusia, China o Corea del Norte, sino también en Latinoamérica con Venezuela, Nicaragua y, particularmente, en nuestra propia isla de Cuba, los derechos humanos se irrespetan a diario. ¿Qué es posible hacer para evitar esos desmanes?... Nadie lo sabe muy bien, tal vez porque hay muchos intereses por medio y los involucrados en el asunto se hacen de la vista gorda.

Algún tiempo atrás, por ejemplo, se hizo entrega del Premio Confucio –que a mi entender está totalmente confundido en este caso– al señor Fidel Castro, incuestionablemente un déspota, un implacable asesino, alguien que está muy lejos de representar la paz que debe simbolizar ese galardón, un ególatra que durante su extensísima vida lo único que ha hecho es sembrar la guerra en todos los sitios del mundo en que le ha sido posible, aparte de destruir su propia nación haciendo caso omiso de lo que él personalmente fue testigo, ya que tenía uso de razón cuando se firmó la Declaración Universal de los Derechos Humanos, esos días maravillosos en que nuestra delegación tuvo una participación tan notable en la redacción final del documento, el cual el dictador cubano no se ha cansado de pisotear desde que asumió el poder.

Considero que cualquiera de esos hombres, de esos cubanos a los que me he referido, sí poseen los méritos para ganar el premio que Castro recibió, sólo que estoy seguro no les habría interesado en lo absoluto ese reconocimiento. Estoy seguro de ello, porque todos y cada uno de los hombres que llevaron a cabo esta batalla ejemplar a favor de los derechos humanos, como lo fueron Cuervo Rubio, Bell, Ernesto Dihigo, Guy Pérez Cisneros y tantos otros, bajo el liderazgo primero de Grau San Martín y después de Carlos Prío, eran hombres de sólidos principios, cuyo propósito era contribuir al verdadero bienestar del ser humano, no sacar provecho para sus intereses personales. En aquel momento, estos cubanos no solamente recibieron el reconocimiento de las Naciones Unidas, sino también de la OEA, un organismo que entonces nadie podía imaginar que se transformaría en el cadáver burocrático en que se ha convertido en la actualidad. .

La creación de la OEA tuvo lugar en abril de 1948, apenas unos ocho meses antes de que se pusiera en vigor la ley más reciente y universal acerca de los derechos del hombre. En ese entorno se logró que el organismo aprobara una doctrina que creo muy pocos han conocido y que aún menos se han decidido a ponerla en práctica, una doctrina concebida e impulsada por Ramón Grau San Martín que había quedado como una consideración ulterior a la reunión celebrada en abril 9 de 1948 en Bogotá (Colombia), la doctrina sobre un jornal decoroso para todos los trabajadores cubanos; no hay duda de que esta doctrina nos tiene que llenar de mucho orgullo, porque además es tan sencilla que plantea que cualquier tipo de intervención económica es semejante a cualquier intervención militar... También fue por iniciativa cubana que, desde las primeras sesiones de la Asamblea General de las Naciones Unidas realizadas en Londres, se le encomendara a los responsables de la parte económica la tarea de elaborar documentos que serían definitivamente trascendentales en este estudio.

La importancia que tuvo Cuba en cada una de estas instancias fue altamente relevante. Lo vuelvo a subrayar porque en primer lugar me enorgullece como cubano recordarlo, y sobre todo porque considero un deber rendir homenaje a quienes en verdad lo merecen. La tarea realizada por estos insignes representantes de la social democracia cubana puede calificarse una vez más de gigantesca, pero yo quiero referirme en particular al doctor Ernesto Dihigo, eminente profesor de la Universidad de La Habana, quien llevó su palabra justa, sabia y culta dentro del contexto de lo que se discutía, aparte de realizar una presentación excepcional en la ONU en 1948, cuando la votación del proyecto del documento final acerca de los derechos humanos que sirvió para despejar el rumbo de los importantes aportes que nuestra delegación logró finalmente. Este triunfo fue una prueba más de que todos estos hombres a los que ahora rindo homenaje no representaban sus intereses privados, y mucho menos pretendían alcanzar títulos ni méritos a costa de su trabajo, sino que en verdad eran auténticos voceros de los intereses y anhelos de todo el pueblo cubano.

Hay que añadir incluso que en este proceso desplegaron un talento especial y una indudable persistencia otras figuras que no eran cubanas, pero que con su fervoroso apoyo a los planteamientos hechos por nuestra delegación contribuyeron en gran medida a que el mensaje de nuestra isla se hiciera realidad.

Es necesario que los cubanos de hoy, dentro y fuera de la isla, estén muy claros en relación a lo que los cubanos realmente demócratas de épocas anteriores han luchado por defender los principios de la civilización.

El doctor Guy Pérez Cisneros cuando habló en las Naciones Unidas, habló de la labor tan grande y el mérito de aquella delegación cubana a la Declaración Universal de los Derechos Humanos, refiriéndose sobre todo al desinterés que tuvo la misma por ganar ningún título a costa de ese trabajo. Entre los documentos históricos más importantes de la tercera comisión que trató el asunto de los derechos humanos y que se aprobó internacionalmente en Bogotá, Cuba tuvo también una presencia muy importante, pues le correspondió haber inspirado en la forma definitiva en que lo hizo lo que reconoce esencialmente el resto del mundo, plasmados en nuestra Constitución del 40 en los artículos basados en el derecho al trabajo, que sin duda alcanzan resonancia universal. En este caso, el doctor Pérez Cisneros agradeció de manera muy especial que se acogieran favorablemente estos textos que fueron inspirados en dos de las enmiendas cubanas en el campo del trabajo y en el campo del derecho que tiene todo trabajador de recibir su remuneración equitativa y satisfactoria, y que se le asegure a él como a su familia una existencia decente y honrosa, conforme a la dignidad humana.

No es en lo absoluto extraño por qué esto sucedió, pues si miramos la trayectoria social y política de estos hombres, primero en su propia patria y más tarde en Chapultepec y en Bogotá con la conferencia de la no intervención, la eliminación de la abrogación del tratado permanente que se hizo en 1934, en el mes de enero del 34, todavía siendo presidente el doctor Ramón Grau San Martín para eliminar la Enmienda Platt, y si seguimos a través de la historia el derrotero de los hombres que conformaron las delegaciones cubanas a la Declaración Universal de los Derechos Humanos, creo que no cabe la menor duda aceptar que por ese motivo es que disfrutamos más tarde una verdadera democracia representativa, una nación que merecía el respeto de todos y que constituyeron los mejores años que ha vivido nuestra patria.

Si se analiza en profundidad esta etapa histórica de nuestro país, sale a relucir de inmediato que Cuba tenía en los hombros de aquellos hombres que llevaron a cabo esa tarea, aquel trabajo tan digno y tan decente, la enorme responsabilidad de que en sus mentes estaba presente una fecha imborrable, 25 de marzo de 1895, la fecha en que se firmó el Manifiesto de Montecristi. Debido a ello, esos hombres no solamente tenían una responsabilidad social y moral para su propia patria, sino para toda nuestra América hispana, pues el Manifiesto de Montecristi es, a mi entender, una de las más grandiosas declaraciones de los derechos del hombre que se hayan concebido jamás. Así que vale en este momento abrir esa ventana de los recuerdos para poder regresar de nuevo a nuestras raíces y descubrir en el camino todo aquello que fue de valor, con el que se sembraron los árboles que después fueron los pinos nuevos y todavía continúan en nuestra patria hasta que se transformen en permanentes si todos trabajamos para honrar documentos tan trascendentales como el Manifiesto de Montecristi y la Declaración Universal de los Derechos Humanos.

Lamentablemente, como señalé al principio, en la actualidad muchos cubanos –y repito que no son únicamente los que aún viven en la isla, sino también los que andan desperdigados por el resto del mundo– no son capaces de abordar con la seriedad necesaria un asunto como éste, que es de importancia trascendental para la conciencia de una nación. Son una minoría los que hoy veneran como debe ser el Manifiesto de Montecristi o conocen a cabalidad la Declaración Universal de los Derechos Humanos.

En el plano internacional no anda mejor el panorama al respecto, ya que una buena cantidad de regímenes consideran que estas leyes no son de estricto cumplimiento pues le restaría poder de ejecución y otros muchos gobiernos se contentan con ocasionales declaraciones de protesta para no perjudicar sus intereses económicos.

Por ese motivo todo cubano, y todo habitante de cualquier otro sitio del mundo, debe luchar día a día por defender con toda la fuerza de que sea capaz el cumplimiento de estos derechos inalienables del hombre. Mañana podría ser demasiado tarde.

En el verano del año 1992 los votantes del Condado Dade decidieron rebautizar el territorio con el nombre de Condado Miami-Dade. Este simple hecho, llevado a cabo a través de un proceso absolutamente democrático, produjo que se activara de inmediato un dispositivo de alarma dentro del Departamento América del Partido Comunista de Cuba, que tenía ante sí de improviso la tarea de lidiar con un cambio geográfico en el corazón del exilio cubano, modificación que incluía la actividad política en relación a quiénes nos debían representar en el Senado y la Cámara a partir de entonces.

"¡Tenemos que ponernos enseguida para las cosas!", fue lo que debió ordenarle Manuel Piñeiro a sus subalternos cuando se enteró de la noticia. Piñeiro, alias *Barba Roja*, un matancero que, a pesar de ser hijo de inmigrantes gallegos, estudiar en la neoyorquina Universidad de Columbia y haberse casado primero con la bailarina estadounidense Lorna Burdsall y después con la marxista chilena Marta Harnechker, parecer haber poseído un sentido del humor muy cubano, de acuerdo a testimonios de varios de sus viejos camaradas. *Barba Roja*, a pesar de lo expuesto, está considerado el gran artífice del movimiento guerrillero en Centro y Sur América y el Caribe. También el Departamento América, por supuesto, se ocupa de trajines semejantes en la zona norte del continente, muy en particular en lo que se refiere al exilio cubano miamense.

En este caso, a partir del cambio de nombre del condado que incluye a la ciudad de Miami, lo primero que hizo Cuba fue poner a funcionar las tres variantes básicas del comunismo internacional. La idea central de esta estrategia era cómo formular la política del condado para que el cambio no les afectara a ellos, sino al exilio cubano llamado histórico, ya que este territorio ha sido tradicionalmente –aunque en mi criterio ya no lo es– el centro del anticastrismo en USA e incluso en el resto del mundo. Es obvio que esta situación ha ido cambiando en el silo XXI y responde a varias influencias, desde la nueva emigración cubana de índole económica hasta los infiltrados que aún siguen llegando desde la isla y desde otras muchas partes del subcontinente. Las cartas que están en juego hoy no son las mismas del pasado, sobre todo por la reciente presencia de los oportunistas económicos que tienen un papel más destacado a partir del restablecimiento de relaciones diplomáticas entre Cuba y los Estados Unidos de Amñerica.

Los norteamericanos usan mucho una frase, *carpet bagges*, para definir a los hombres de negocios. Y justamente son estos hombres de negocios, los hombres de negocios del exilio cubano histórico, los que se están preparando ahora para una nueva invasión económica a la isla; en verdad no son más que especuladores de dinero que tienen listas sus maleticas con cuatro pesos para tratar de hacer negocios y comerciar con la Cuba de Castro, posición extremadamente cobarde, miserable y oportunista de este chorro de viejos millonarios que en realidad no tienen idea de lo que es el comunismo y que además no han sido nunca seguidores de ninguna política que logre cambios favorables a su país, excepto simplemente hacer negocios para su propio beneficio..

Recuerdo que un tío mío, cura jesuita, me contó hace mucho tiempo que un conocido suyo se le acercó mientras realizaban un retiro espiritual y le pidió con la mayor unción que uno pueda imaginarse:

–Caramba, René, yo quería hablar contigo porque hace muchos años que no me confieso y que no comulgo... Aunque, claro, jamás he matado ni robado a nadie.

Mi tío le preguntó que cuál era su profesión y el individuo respondió orgulloso que era un hombre de negocios. Mi tío René aceptó confesarlo y dio por concluido el diálogo con este comentario:

–Bueno, si eres un hombre de negocios entonces vamos a dejarlo en que no has matado a nadie.

Esta anécdota quizá ilustre la gravedad de lo que ya está sucediendo en estos momentos y la manera negativa en que el pueblo cubano puede ser afectado en un futuro muy próximo. Esos supuestos cambios, desde luego, no van a producirse de un día para otro, no se van a precipitar en modo alguno. Los hombres de negocios estudian con gran cuidado cada inversión que realizan, no están dispuestos nunca a ser dadivosos.

La primera de las tres variantes básicas del comunismo internacional a que hice referencia antes –que de inmediato se activaron por el régimen castrista– es el Partido Comunista de USA, cuya sede estaba en Nueva York en aquel entonces y que mantiene una línea marxista-leninista ortodoxa. Existía entonces también un distrito floridano del mismo en Tampa, dirigido por una maestra afroamericana. Y en nuestro condado se encontraba localizado en el área de Miami Lakes, con la categoría de distrito subregional del citado partido.

Otra de estas variantes del comunismo internacional radica en Miami Beach, en Lincoln Road, y aunque funciona como un centro de actividades culturales es en realidad una organización de fachada de otra tendencia del Partido Comunista norteamericano, cuya extracción proviene del sindicalismo y el troskysmo. Uno de los miembros más destacados del Comité Central de dicho partido, Freddy Alcbure, dictó hace algún tiempo una conferencia en el centro a que he hecho referencia en la que abordó las transformaciones que está llevando a cabo con sus cuadros el movimiento comunista estadounidense en la actualidad. También en ese mismo organismo que radica en Miami Beach, el señor Félix Wilson, segundo secretario de la Sección de Intereses de Cuba en Washington en aquella época, pronunció otra conferencia de la que incluso nadie pareció enterarse en Miami, pues ni siquiera se reflejó el hecho en nuestros medios noticiosos. Por último, otro miembro del Comité Ejecutivo del Partido Comunista de USA, que recién regresaba de Cuba en esos momentos, inició en el mismo sitio mencionado una gira por todo el país con la intención de promover el fin del embargo y del restablecimiento de relaciones diplomáticas con el régimen castrista... O sea, que este supuesto centro cultural es en definitiva una vía de promoción del ideario comunista. Asimismo cumplen con ese objetivo varias entidades de educación superior en universidades y colleges estadounidenses.

Existe también, y es la tercera variante a que estado haciendo referencia, el llamado Partido Nacionalista de la filial de la Cuarta Internacional Comunista, de tendencia abiertamente troskysta, que tiene su sede central en Paris y que aquí radicaba en la zona dede Miami, donde cada viernes se celebraban reuniones de abierto carácter partidistas.

Por otra parte, los hijos de la Gran Bretaña, han acogido a otra vertiente del comunismo internacional que anteriormente radicaba en Tirana, la capital de Albania. Lo que era en ese momento el Partido Internacional del Trabajo, que operaba la Internacional Comunista en aquel entonces, pero que al desaparecer el comunismo albanés, se trasladó con todos sus documentos y archivos, con todos sus papeles e incluso hasta los burós y las sillas, a Londres y desde allí y desde entonces se rigen los partidos que responden a la línea maoísta.

Tampoco hay que dejar pasar inadvertido un volante semanal que circula en Londres y en el propio territorio estadounidense, particularmente en Chicago, en Nueva York y en el mismo condado Miami-Dade, dedicado a exaltar al llamado Presidente Gonzalo, que no es otro que Abimael Guzmán, el creador del grupo terrorista Sendero Luminoso y jefe del Partido Marxista-Leninista de Perú, con ramificaciones obreras y estudiantiles en otros países latinoamericanos; de hecho, este hombre es el símbolo de la Internacional del maoísmo, lo mismo que podría ser Ernesto Che Guevara para los comunistas tradicionales dentro del movimiento troskysta. En el North West está enclavado un edificio donde se reúnen una vez a la semana los dirigentes del frente local del Partido Comunista Revolucionario, filial de la Internacional Maoísta del Partido Comunista norteamericano, el cual también cuenta con células en varios centros de estudio, en organizaciones sindicales y hasta en grupos dedicados a las comunicaciones.

No es exagerado afirmar que se debe tener mucho cuidado con estas organizaciones, porque no piensan dos veces con respecto a los derramamientos de sangre cuando se trata de lograr sus objetivos. Hechos muy lamentables en este sentido han ocurrido en varios países de Latinoamérica, en el mismo Perú, en Colombia por medio del Partido Comunista de esa nación de tendencia maoísta, y también en Venezuela con la organización Bandera Roja, fundada en marzo 3 de 1933, que tiene sus raíces en un movimiento estudiantil y obrero ocurrido en Maracaibo y que todavía sobrevive, no únicamente en Caracas, sino en otros varios sitios del planeta, como en Bélgica, por lo que es preciso no perderla de vista..

Todas estas vertientes del comunismo internacional también están funcionando aquí, a lo largo y ancho de condado Miami-Dade, y lo están haciendo hoy, ahora mismo.

Por tanto, es preciso formularse estas interrogantes: ¿adónde van estas gentes?, ¿qué es lo que andan buscando?.... Yo creo que lo primero que debíamos plantearnos es que uno de los legados a que aspira Fidel Castro es otorgarle al movimiento comunista internacional la reunificación definitiva de todas sus variantes. En el año 1999 se proyectó en el Congreso Unitario de La Habana una tesis que puede resultar muy esclarecedora a lo señalado y que resultó bien interesante porque en el mismo coincidieron las tres principales tendencias del comunismo que en este siglo XXI se están practicando. El congreso habanero fue el preludio o formó parte ya del trabajo que el Castro-Guevarismo ha puesto en marcha con el propósito de que las variantes del movimiento comunista internacional se comporten como si fueran vértebras, partes independiente que unidas conforman una única columna. La famosa ventana del siglo XXI nos muestra a nuestras repúblicas de América de cara al sueño nacionalista de 1933, en la presencia de lo que estamos mirando a través incluso de los países integrantes de la CELAC, cuya decisión inicial fue dejar fuera de su juego a los norteamericanos y a los canadienses, enfrentándose a la OEA para dejar bien claro que nada tienen que discutir o negociar con los que no piensan como ellos.

Concluyeron los comunistas en aquel momento, en la ventana del siglo XXI, que las repúblicas latinoamericanas debían tener presente el mito del sueño de Ernesto Guevara, o más bien del movimiento Castro-Guevarista, ahora con la ausencia de Guevara y la presencia de Castro, defendiendo sus nuevas tendencias hacia la unidad del comunismo, hacia el neocomunismo, por así llamarlo, que se concretó en la conferencia celebrada en la isla Margarita, en Venezuela. Allí se ratificó de nuevo una demostración pública a favor de Fidel Castro, avalada por el Partido Comunista venezolano, dirigido por Jesús Farías y que contaba con más de 21 mil miembros, aparte de que también estuvo presente la Liga Socialista, filial de la Cuarta Internacional Comunista, fundada en 1972, e incluso la dirigencia de Bandera Roja, mostrando la capacidad de maniobra que pueden desarrollar estos elementos en función de la unidad orgánica de todos esos procesos políticos que, en última instancia, sólo van dirigidos a controlar la América Latina, ayudados en buena parte por la miopía del Departamento de Estado norteamericano y del abandono que nuestros tan "buenos amigos" de Washington han demostrado tener por los pueblos latinoamericanos favoreciendo tradicionalmente a los regímenes oligárquicos que protegían sus intereses.

De ese modo los gobiernos norteamericanos fueron regando el caldo de cultivo con el que se beneficiaron del producto nacional bruto o de la materia prima latinoamericana que les hacía falta, que les era necesaria a América del Norte, incluyendo a los cerebros, a la capacidad intelectual, a los individuos ya entrenados en su profesión, para así no tener que invertir en graduar a un abogado, a un médico, a un profesor o a cualquier otro especialista por el estilo. Es notorio que muchos de esos profesionales ya formados emigraban a los Estados Unidos de América producto de la desestabilización de toda índole que padecían en sus países de origen.

En mi mente este fenómeno se refleja como una especie de nuevo orden mundial que está manejado por el comunismo internacional, cuya premisa es controlar el hemisferio americano como si fuera un solo hemisferio, como si fuera una única nación con sus provincias.

Considero que esta situación es muy seria y que aún no nos hemos percatado del peligro que supone. Y quizá por eso es que tantos asesinos, ladrones y delincuentes de toda laya, como a los que me he referido reiteradamente en este libro, han llegado a alcanzar hasta la primera magistratura en varios países latinoamericanos. No hay que ir muy lejos, pues en nuestra propia patria el señor Fidel Castro detenta el poder hace más de medio siglo, a pesar de lo cual todavía se considera en Latinoamérica un ícono de libertad aunque en nuestro país únicamente existe un partido político y los cubanos no tienen la posibilidad de elegir en unas elecciones realmente libres a los dirigentes que desean. Habría que considerar que esta contradicción es también parte del legado de Castro.

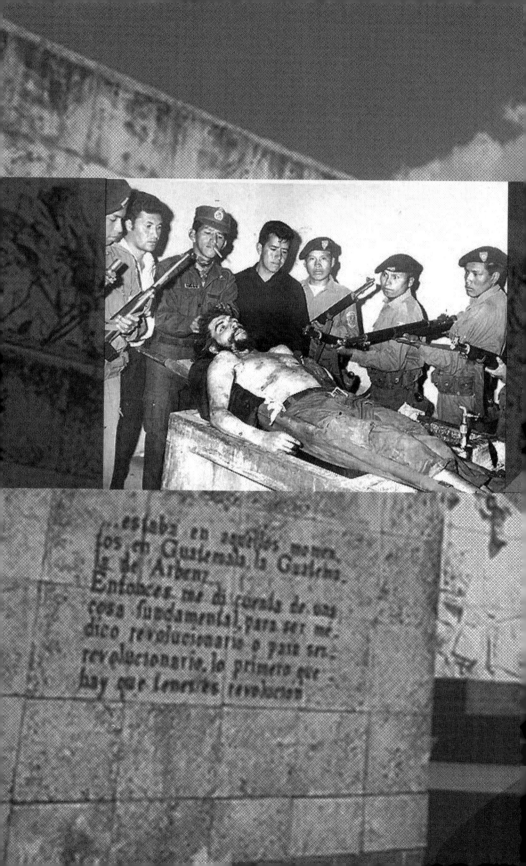

Una tumba sin sosiego

Una semana más tarde de haberse cumplido treinta años de su muerte (9 de octubre de 1967) en una perdida escuelita de La Higuera en la selva de la Quebrada del Yuro, en Bolivia, los restos de Ernesto Guevara de la Serna fueron recibidos oficialmente en Cuba con altos honores militares. Para tan magna ocasión el régimen castrista construyó en la ciudad de Santa Clara, donde el llamado Guerrillero Heroico libró su última y más destacada batalla contra la dictadura de Fulgencio Batista, un descomunal mausoleo fúnebre que incluye una escultura de bronce de su imagen que mide 22 pies de alto; en esta tumba monumental también duermen el sueño eterno otros 29 cubanos que acompañaron al Che en su última aventura guerrillera, todos ellos rescatados por un contingente de técnicos cubanos y argentinos después de muchos años de haber sido enterrados clandestinamente por las autoridades bolivianas de entonces. Eso es lo que reporta la historia oficial del régimen castrista.

Sin embargo, desde muy al principio hasta el mismo día de hoy lo que sucedió con el cadáver de Guevara permanece envuelto en un halo de muy extraño misterio: se informó primero que había sido incinerado por orden de la CIA, más tarde que se le mutilaron ambas manos para comprobar su identidad, después que el dictador René Barrientos había dado la orden de que lo enterraran en algún lugar donde jamás pudieran encontrarlo y finalmente que un equipo de especialistas altamente entrenado en ese tipo de tareas enviado por los gobiernos de Cuba y Argentina a Bolivia había logrado rescatarlo tras mucho tiempo de arduo trabajo, noticia que al poco tiempo se puso en duda por varios expertos en el tema; para colmo de confusiones, Antonio Arguedas, un ex militante comunista del que también se sospecha que trabajó para los servicios secretos norteamericanos y que a la sazón era el Ministro del Interior boliviano, le hizo llegar a Fidel Castro las manos y el diario de campaña del controversial argentino devenido cubano. En resumen, que la tumba donde se encuentre el cadáver de Ernesto Guevara es sin duda alguna una tumba sin sosiego.

Este individuo, cuya imagen cualquiera reconoce de inmediato en cualquier parte del mundo, pero que muchos confunden con un desconocido roquero latino, con un corredor de motocicletas o incluso con un mártir cristiano suramericano que el Vaticano aún se niega a reconocer, ha devenido una especie de marca comercial indefinida y de hecho aparece en el logotipo de una cerveza europea sin alcohol. De todos modos, para el movimiento comunista internacional Ernesto Guevara, o más bien el Che, continúa siendo un ícono de la lucha contra los que ellos llaman el imperialismo yanqui, y en ese sentido lo siguen venerando y de paso explotando bajo el auspicio de Fidel Castro, su más famoso compinche.

En el año 1955, cuando Castro y Guevara todavía no se habían vistos las caras, el primero estaba iniciando en México los preparativos para una invasión a Cuba y el segundo andaba por la Guatemala de Arbenz participando en una reunión de jóvenes socialistas. Ambos eran ya conspiradores profesionales, estaban afiliados al ideario de la izquierda radical,

En mi opinión, Ernesto Guevara no fue enviado ni traicionado por Fidel Castro en sus dos últimas experiencias guerrilleras, primero en su frustrada participación en los conflictos bélicos del Congo y después cuando fue definitivamente ultimado en las selvas de Bolivia. Creo que él mismo optó por separarse del régimen castrista y emprender otros caminos de lucha. Sin duda debió creer en el concepto de la revolución permanente de León Trosky. Y también sin duda por ello supo que ya no encajaba en la nomenclatura comunista cubana, que podía coquetear con esa línea de acción –como lo demuestra el movimiento guerrillero que prosperó en todo el subcontinente–, pero que estaba atado más económica que ideológicamente a la clásica imagen de la hoz y el martillo en esa época. Tal vez se podría concluir afirmando que Castro y Guevara conforman las dos caras del conspirador, uno muy pragmático y el otro demasiado soñador.

La policía de Guatemala cuando ya había accedido al poder Castillo de Armas, a través de un organismo que se ocupaba de reprimir las actividades comunistas y que más tarde se convirtió en la Dirección de Seguridad Nacional, encontró entre las pertenencias dejadas por Guevara al tener que abandonar el país, un libro de Trosky al cual ya he hecho referencia y que también se vio obligado a perder en el Congo años después. Este podría ser un dato interesante que valide su inclinación al ideario de quien Ioseph Stalin calificaba de renegado y consideraba un enemigo tan peligroso que resultaba imprescindible su eliminación, aun cuando eso significara una larga cacería por medio mundo hasta su ejecución final en tierras mexicanas.

De cualquier modo el médico guerrillero argentino sigue siendo, sin duda, una figura tan relevante dentro de la izquierda radical que muchos de sus militantes y simpatizadores se refieren hoy en día a la nueva Meca del Comunismo, que no es otra que la tumba sin sosiego del Che Guevara, cuya verdadera ubicación todavía nadie conoce en realidad.

En la experiencia de Bolivia, que tuvo relieves de novela o de película de aventuras, estuvieron muy involucrados, además de los cubanos que acompañaron a Guevara, dos figuras muy destacadas del comunismo internacional, el periodista y escritor francés Regis Debray y la germano-argentina Tamara Bunker, más conocida como Tania la Guerrillera. La Bunker le allanó el camino al Che creando las condiciones para su ingreso en Bolivia sin que ningún servicio de inteligencia contrario lograra detectarla, trabajo que puede calificarse sin ningún temor de extraordinario. Por otra parte, cuando Debray es apresado por las autoridades bolivianas les comunica todo lo que sabe sobre Guevara, incluso su nombre de guerra que era Ramón, y prácticamente se lo entrega en bandeja de plata a sus captores.

El Che, para mí un troskysta cabal, cuyo ideal más sagrado era crear en el mundo "dos, tres, muchos Viet-Nam", sin reparar en la sangre de tantos (incluso inocentes) que costaría un empeño semejante, culminó su vida sin alcanzar la meta que se había propuesto, según algunos testimonios mucho antes de conocer a Fidel Castro y unirse al Movimiento 26 de Julio en México. A pesar de ello, su imagen sigue manteniendo en la actualidad resplandores míticos para el comunismo internacional, en particular para los que abrazan las doctrinas troskystas, de las que Ernesto Che Guevara fue un seguidor indudable.

En noviembre de 1995, mientras se desarrollaba una campaña en todo el territorio norteamericano con la intención de derogar la ley del embargo, en la misma ciudad de Miami se llevó a cabo una reunión en un restorán llamado Kap-Kap bajo la dirección de un haitiano-norteamericano cuyo nombre es Humberto Hernández. En el citado establecimiento, ubicado en Miami Beach, se encontraron en esa ocasión el jefe de la Alianza de los Trabajadores Cubanos, Walfrido Moreno; Andrés Gómez, uno de los dirigentes de la Brigada Antonio Maceo, grupo de exiliados cubanos que apoyan el régimen de Castro; un señor de apellido Hollifick, representante del Partido Comunista de USA de tendencia ortodoxa; Leslie Grigerg, del llamado Proyecto Cuba con base en Nueva York y el ciudadano puertorriqueño Ignacio Meneses, que aparentemente trabaja en el sector de la medicina aunque en realidad es la cabeza de una red sindical pro Cuba. Un cónclave como el señalado, que obviamente tenía el propósito de unir fuerzas para apoyar al Castro-Guevarismo de un modo u otro, pasó inadvertido en las mismas narices del exilio cubano y desgraciadamente nadie se percató de las funestas consecuencias que es capaz de generar.

Algo semejante, o incluso peor, sucede con las actividades a favor del movimiento comunista internacional del señor Louis Farrakhan, líder de la llamada Nación del Islam, grupo religioso musulmán de gran influencia en la población negra estadounidense. Nadie puede cometer la imprudencia de endilgarle a Farrakhan el sambenito de comunista, pero si se analiza con detenimiento su trayectoria pública se arriba a la conclusión de que es lo que suele llamarse un "compañero de viaje" de esas ideas, pues le ha sido de mucha utilidad a los que profesan esa doctrina.

Nacido en pleno Bronx con el nombre de Louis Eugene Wolcott, en 1955 fue reclutado por Malcolm X para el movimiento musulmán negro norteamericano y comenzó a llamarse Louis Abdul Farrakkhan, que es como se nombra desde 1978 en que asumió el liderazgo de la que él considera original Nación del Islam a partir de su rompimiento con su mentor X alrededor de 1960. Cuanto todavía era un niño o un adolescente, mucho antes de que comenzara a dar vueltas por el mundo como máximo líder de los musulmanes negros norteamericanos y fuera recibido con honores por todos los dirigentes del comunismo internacional, Louis Eugene ganó cierta popularidad tocando el violín en un programa de televisión de gran audiencia.

Ahora, sin embargo, Farrakhan representa un verdadero peligro para las relaciones étnicas en la subregión latinoamericana, al igual que en otras partes del mundo, como Europa, Africa y Asia. La presencia del comunismo internacional entre los movimientos islámicos de orígenes étnicos diferentes es de intensidad considerable y podría significar otra vía para que los nuevos ensayos de la izquierda se asienten en estas comunidades.

En la década de los años 90 Louis Farrakhan realizó varias giras por el mundo y en una de ellas, donde viajó en compañía de una delegación de 24 personas a un total de cincuenta países, se vio en la obligación de adelantar la salida; sucedió que por información de inteligencia que se obtuvo a través de puestos de escucha, lo cual está debidamente documentado, se conoció el itinerario de la citada gira, hecho que prueba la importancia que se le daba al trabajo que se debía realizar en la misma. Cuando llegó a El Cairo, Farrakhan fue recibido por Hosni Mubarak, presidente egipcio desde 1981 hasta 2012, encontrándose más tarde durante el largo periplo con figuras de tan alto rango como Nelson Mandela, la dirección en pleno del Partido Comunista de la República Popular China y, por último, al regreso de su paso por la isla de Granada, cuando arribó a La Habana, capital de la isla de Cuba, quien acudió a su encuentro fue el mismo Fidel Castro, no muy dado a prodigarse en recibimientos de esta índole a no ser que se trate de representantes oficiales de gobiernos aliados muy específicos.

Con estos datos no puede existir duda alguna de lo mucho que representa este hombre para los movimientos de la izquierda radical en todos los puntos del planeta.

Producto de otra de sus extensísimas giras, que llevó a cabo en 1966 y que nada más abarcó 23 países, la representante estadounidense y cubana de origen Ileana Ros Lehtinen llamó la atención sobre la connotación de las relaciones de Louis Farrakhan con los representantes más activos del terrorismo internacional; con palabra muy clara Ileana denunció que ese recorrido del dirigente musulmán negro representaba una seria amenaza a la seguridad nacional de este país, pero como ha ocurrido en tantas ocasiones su advertencia cayó en saco roto. Entre los delegados presentes en esa ocasión se encontraban el representante internacional de la Nación del Islam con oficina permanente en la capital de Gahna, el mismo dictador de ese país y. desde luego, el jefe del servicio de inteligencia de Farrakahn, cuyo personal operativo fue entrenado en Cuba.

El desarrollo de los acontecimientos de dicha gira en el Medio Oriente se produjeron en virtud de la interposición de un señor de apellido Primakov. Este individuo, que había sido jefe de la KGB soviética y que tuvo una evidente participación en un operativo de espionaje activado en el Gollfo Pérsico, estaba estrechamente ligado a Saddam Houssein. Primakov también se involucró con el Ministro de Exteriores de la Federación Rusa en hallar una solución al conflicto iraquí-norteamericana en aquel contexto.

Aquí mismo, en Miami, exactamente en la calle 45 y la Primera Avenida del North East, donde estaba la sede del Partido Socialista de los Trabajadores, se celebró un acto solidario con el régimen iraquí, donde por supuesto se atacó a Israel y a los Estados Unidos de América. Uno de sus organizadores fue un sujeto llamado Yamarin, un norteamericano de origen iraní que formaba parte del Comité Ejecutivo Nacional de la citada organización. Otra de esas reuniones que tuvieron lugar en esa misma dirección señalada arriba fue en recordación a Ernesto Guevara y llevó por título *La Revolucion Cubana hoy y el legado del Che*, siendo el orador principal del mismo Andrés Gómez, de la ya mentada Brigada Antonio Maceo, que aparte de ser uno de sus dirigentes principales ha sido acusado en varias ocasiones de ser un agente extranjero infiltrado en este país; con el poco entusiasmo mostrado en combatir estas actividades del comunismo internacional, no resulta extraño que ni republicanos ni demócratas hayan hecho absolutamente nada para desenmascarar a alguien como el *maceíto* Gómez. Ni a él ni a otros mucho más peligrosos.

Por ejemplo, en el supuesto centro cultural de Lincoln Road también mencionado con anterioridad en este libro, se han llevado a cabo múltiples reuniones de solidaridad con el régimen de Irak; el señor Tim Weller, cuando concluyó una visita a Cuba, inició un recorrido por todo el territorio norteamericano exigiendo que se eliminara la ley Helms-Burton y el embargo contra el régimen castrista; los propios miembros de la Brigada Antonio Maceo, en conjunto con miembros de varios partidos comunistas estuvieron presentes y prácticamente reclutaron a todos sus" compañeros de viaje" que tienden sus tentáculos sobre este condado para asistir a una conferencia que dictó en Miami el propio Farrakhan; incluso existe un llamado intercambio cultural afrocubano que es dirigido por un grupo de personas de la raza negra, grupo que forma parte de la quinta columna castrista que, además de enviar espías como los de la Red Avispa, manipula a estos supuestos artistas y religiosos con el objetivo expreso de desestabilizar la democracia en cualquier parte que sea… En fin, que todas estas manifestaciones a favor del régimen de Houssein o de la memoria guerrillera del Che que ocurren en nuestras propias narices tienen un propósito que es muy fácil de detectar, pero que nadie parece advertirlo, que nadie hace el más mínimo intento por evitarlos. Y no se trata tan sólo de los líderes del exilio cubano o de los demócratas de cualquier país que vivan aquí, sino también del FBI, del Buró Federal de Investigaciones, que es el cuerpo policial que se ocupa de la inteligencia interna de la nación. En última instancia alguien como Louis Farrakhan, ciudadano norteamericano, dirigente de los musulmanes negros de este país, no tiene el derecho de transitar impunemente a lo largo y ancho de este país, y además del mundo, apoyando precisamente a los más aberrantes enemigos de la bandera de las barras y las estrellas.

Cuando se tiene en cuenta que Muhammar al Gaddafi era el líder del movimiento islámico internacional y que la segunda figura del mismo era Louis Abdul Farrakhan, habría al menos que mantener un ojo muy alerta sobre ese sujeto. Se asegura que el propio Gaddafi le quiso entregar, o definitivamente le entregó, una suma millonaria, en dólares, a Farrakhan para que la invirtiera en crear centros de estudios, publicaciones de diferentes tipos y negocios montados para los pequeños comerciantes islamitas en el exterior, sobre todo en países democráticos. Este último consejo del mandatario libio, junto a la apertura de las líneas de comunicaciones con Latinoamérica que se produjo más tarde, debía ser suficiente para que la región se pusiera al menos en estado de alerta.

Pero hay más todavía...

En una manifestación que tuvo lugar en Chicago con motivo de recordar y celebrar el legado revolucionario de Ernesto Che Guevara se encontraba presente en primera línea el jefe de la Nación del Islam en dicha ciudad, tan entusiasmado que no sólo alzaba su cartelón con la efigie del Guerrillero Heroico, sino también animaba a los demás miembros de su delegación y al resto de los presentes a que lo imitaran al tiempo que lanzaba consignas en apoyo al cese del embargo en Cuba. A esa manifestación acudieron un nutrido grupo de mejicanos inmigrantes que han venido introduciéndose en los Estados Unidos de América desde hace años y que integran dentro de nuestro territorio células de apoyo al movimiento zapatista de México.

Es muy conocido que procedente de Cuba, desde hace años, llegan personas cuyo objetivo es infiltrar a determinadas organizaciones del exilio que combaten el castrismo, personas que son capaces incluso de la eliminación física de aquellos que les estorben en su trabajo, como ocurrió en el lamentable caso de la traición a los Hermanos al Rescate, donde murieron varios ciudadanos norteamericanos.

Los haitianos, o al menos un grupo de haitianos que responde a los lineamientos trazados por el Partido Unificado de Comunistas Haitianos, cuentan con un grupo en Nueva York que apoya abiertamente al régimen castrista. Esta organización, por otra parte, mantiene una actitud muy cautelosa, es en extremo cuidadoso, tanto que es muy difícil poner en evidencia a su cara visible, de modo que muchísimo menos a la invisible. Oscar Coté, que fue el representante diplomático de Cuba en Haití durante años, tuvo mucho que ver en esta manera de proceder de los comunistas haitianos, que influyeron en las relaciones que mantuvo con Cuba el presidente haitiano en ese momento, René Preval, así como en la preparación de dicha organización para intenta acceder de nuevo al poder y activar el apoyo en territorio de USA al movimiento Castro-Guevarista. Los franceses prácticamente le regalaron a los norteamericanos informes de inteligencia que demostraban la gran cantidad de haitianos que entrenaba el régimen cubano para realizar tareas subversivas, trabajo que en Haití está bajo la responsabilidad de alguien tan renombrado como Jean-Bertrand Aristide, sacerdote salesiano defensor de la Teología de la Liberación y presidente del país en varias ocasiones en éste y en el anterior siglo. La respuesta de los servicios secretos norteamericanos fue que no podrían hacer nada al respecto mientras los señalados haitianos no violaran de algún modo la ley.

En Cuba, en actos auspiciados por la actual CTC del neocomunismo isleño, participan la mayoría sino todas las organizaciones que se han señalado, y este escenario fue donde nació también el movimiento sindical del Partido Comunista haitiano, que lleva por nombre Combate Obrero.

La presencia aquí, en los Estados Unidos de América, de estos grupos y organizaciones representativas del comunismo internacional, declarados enemigos de esta nación, es una indudable amenaza a la seguridad del país. Aunque los gobiernos estadounidenses no hagan absolutamente nada por desactivar este movimiento que cada día se hace más fuerte, al menos los exiliados cubanos deberíamos mostrar algún interés en escudriñar lo más posible hasta encontrar dónde está escondido nuestro enemigo, pues tan sólo cuando podamos identificarlo es que podremos empezar a combatirlo.

La ruta Moscú-La Habana y el comunismo internacional

El afán de los comunistas por exportar sus ideas desde nuestra isla al resto de América Latina y el Caribe, así como su intolerancia con respecto a los que aún dentro de sus filas fueron consideraron estorbos para sus propósitos –incluyendo crímenes tan bárbaros como los perpetrados en las personas de Julio Antonio Mella y Sandalio Junco, que en un momento se sintieron atraídos por el concepto de comunismo autóctono que enarboló el intelectual peruano José Carlos Mariátegui–, merece ser analizado con el mayor cuidado posible, poniendo énfasis particular en su proceso histórico, en las muy diferentes etapas que se han producido en ese nefasto empeño. Y haciendo hincapié sobre todo en las relaciones muy específicas del comunismo en la isla con los representantes de esa doctrina en el resto del mundo.

Tengo el más absoluto convencimiento de que el trabajo de la Internacional Socialista en Cuba hay que dividirla en dos etapas: la primera desde la creación del primer Partido Comunista cubano, en 1925, hasta tal vez 1961 o 62; después de eso, habría que dar un salto hasta el año 1993, pues por esa f,echa es que se puede hablar de la antesala o del comienzo de la influencia de puerta abierta del comunismo en la región dentro del próximo siglo. Esto es importante señalarlo, pues no es conveniente perder la perspectiva histórica de lo que en realidad ha venido afectando a la región en ese sentido.

Dentro del entorno señalado, el llamado exilio clásico o histórico cubano, se ha visto desprovisto de un sistema de inteligencia y de contrainteligencia necesarios para poder entender a su enemigo, y desde luego para enfrentarlo y mucho menos llegar a vencerlo. En general nuestro exilio que radica mayoritariamente en la ciudad de Miami, o en todo caso la diáspora cubana que se ha asentado en muchísimos lugares del planeta, ha sido incapaz de entender al enemigo o de contar con los mecanismos necesarios para lograr este propósito, único medio en mi opinión capaz de brindarnos la posibilidad de vencerlo.

También se podría afirmar que la mayor parte de los países que viven en democracia, muchos de ellos al menos, están igualmente incapacitados para identificar y combatir al comunismo. En múltiples ocasiones se ha menospreciado al enemigo, considerándolo que en verdad no es tan poderoso…; y de pronto, al levantarnos cualquier día por la mañana, nos damos cuenta que ese enemigo está dispuesto a comernos, o que en más de una ocasión ya nos ha comido, pues posee una voracidad enorme, tiene un apetito pantagruélico, sobre todo si uno mismo le acomoda el camino para que pueda trabajar sin que tenga que hacer mucho esfuerzo. Al enemigo no se puede subestimar. Y para poder enfrentarlo en su dimensión verdadera, no queda otro remedio que analizarlo en su proceder histórico.

Para abordar esta situación con relación a la isla y el comunismo internacional es preferible dividir el proceso en las dos etapas antes señaladas.

Voy a comenzar, desde luego, por la primera, acerca de la cual se ha escrito mucho, en particular por un historiador que he citado antes, Salvador Díaz Verzón, quien acumuló una innumerable cantidad de información sobre los métodos usados por los comunistas cubanos durante nuestra etapa republicana. La primera organización marxista-leninista cubana se funda bajo el influjo de la Tercera Internacional Comunista, que tuvo como objetivo primordial limar las asperezas de las irregularidades y los factores que no habían previsto en la anterior reunión, la Segunda Internacional, un auténtico dolor de cabeza para los marxistas ortodoxos porque concluyó en una especie de consorcio social demócrata que les podía hacer mucho daño y que no estaban preparados en ese momento para manejar.

Fue éste el marco donde nació el movimiento comunista internacional, no solamente para Cuba sino también para el resto del Caribe y de nuestra América. Para definir mejor esta etapa habría que mencionar la ideología del todo stalinista de Juan Marinello, Carlos Rafael Rodríguez, Blas Roca y tantos otros que fueron los máximos dirigentes del Partido Socialista Popular, como se llamó la segunda versión de la organización política de los comunistas cubanos... Pero en primer lugar, antes que cualquier otro, habría que mencionar a un individuo muy especial, un inmigrante judío que se llamó Fabio Grobart y que fue el único de todos los mencionados que ocupó altos cargos en cada uno de los partidos comunistas que han existido en Cuba; sin él, probablemente, no se podría explicar el trabajo tan brillante que ha llevado a cabo el comunismo isleño, no sólo en nuestro país, sino en Centro y Sur América y especialmente en el Caribe, durante tantos años. Grobart fue una de las figuras más influyentes del comunismo internacional en el área caribeña, ya que representaba directamente los intereses de Moscú en cualquiera de las decisiones que se tomaran en la zona. Fue así que Cuba, de manera muy especial, se convirtió en el eje de esta situación, que resultó como un cordón umbilical que partía del Krénlim se dirigía a Cuba y se extendía al resto de los movimientos de izquierda caribeños y latinoamericanos.

Entender bien este entramado es, en mi criterio, también el único modo de entender lo que ha venido sucediendo en el panorama político latinoamericano después de 1993, año que insisto en considerar la antesala del avance de la izquierda radical en este siglo en muchos países del subcontinente nuestro.

La trayectoria del marxismo-leninismo en Cuba que se inició oficialmente en 1925, que alcanzó su mayor auge en la República con el Partido Socialista Popular y que se afianzó en el poder con Fidel Castro en los primeros años de la década del 60, retorna ahora con mayor auge en Latinoamérica y en otras muchas partes del mundo. Para poder entender estos avances del enemigo, como no me canso de repetir, uno tiene que conocer cómo estructuró su estrategia, cómo nació la misma y de qué manera trabajó y por qué ha sido tan importante este eje central Kremlin-La Habana con respecto a los demás países de nuestra América, sin quitarle importancia al comunismo internacional, porque las organizaciones comunistas se habían establecido en otros muchos países de la región y también llevaron a cabo su trabajo en pos de ese derrotero. Lo que sucede, y es bueno subrayarlo una vez más, es que ese trabajo nunca tuvo la intensidad ni la importancia del que desarrollaron los comunistas cubanos, tal vez únicamente comparable con el realizado en México o en el mismo partido comunista de los Estados Unidos de América. De todos modos, no hay duda que con ese sabor tan caribeño que nos caracteriza, las organizaciones políticas del comunismo cubano se desenvolvieron en ese campo con un arte muy particular que otros países jamás alcanzaron.

Por otra parte, hay que destacar que las organizaciones políticas comunistas se han desarrollado siempre conforme a las condiciones específicas de cada país. Ese señalamiento nos enseña que a comienzos de la década de 1930 existía una marcada influencia sobre la temática cubana específicamente –con respecto al tema se ha especulado en demasía, y de hecho yo no estoy totalmente a favor de esas interpretaciones– en relación a que los movimientos sociales, los movimientos obreros o estudiantiles, hayan sido un foco de influencia en el comunismo; yo opino que no fue exactamente así, pues lo ocurrido en los años 30 muestra con claridad que no funcionó de ese modo, sino que más bien fue todo lo contrario, pues el ideario socialista o comunista terminó siendo el factor esencial en la creación de lo que se ha .dado en llamar organizaciones de masas que trabajaron en el estudiantado, al igual que lo hicieron más tarde dentro del movimiento obrero y femenino. Lo que sucedía en Cuba por esa época en la esfera del comunismo, además, emanaba directamente de la Unión Soviética, aunque por supuesto se ponía en práctica un poco más tarde tras la necesaria consulta, sobre todo con respecto a la influencia social y política que pudiera tener en el resto de América Latina y el Caribe.

Así es como se puede entender que fuera en la sede de Unión Revolucionaria Comunista, como se llamó la segunda versión del partido comunista cubano, ubicada en las calles Monte y Prado, una esquina más bien modesta en el mismo corazón de La Habana de aquella época, tuviera lugar la creación del Partido Vanguardia Popular de Costa Rica, presidido por un señor llamado Manuel Mora Valverde; en el acta de fundación aparece con toda claridad que esta organización comunista costarricense se fundó en la ciudad de La Habana, lo cual pone de manifiesto la influencia de los cubanos en ese momento dentro del comunismo internacional y en particular la importancia que por medio de Fabio Grobart le había otorgado Moscú a nuestra isla en el área de Centro y Sur América y el Caribe.

Para no repetir otra situación parecida en este sentido, remito a los lectores a un capítulo anterior de este libro donde expongo con todo detalle la participación de Cuba, a través de Carlos Rafael Rodríguez, en una seria crisis que sufrió el Partido Comunista colombiano en los años 40... Y de paso aprovecho la ocasión para develar un secreto bien guardado por los comunistas de la isla: el divorcio de Carlos Rafael Rodríguez de Edith García Buchaca, figura clave del régimen castrista en el sector de la cultura en su primeros años y que más tarde fue sacada de circulación por el propio Fidel Castro. El fin del matrimonio integrado por Carlos Rafael y la Buchaca, como ambos eran conocidos, concluyó en delicado asunto a resolver por el mismo Comité Central del Partido, ya que ella fue acusada de serle infiel a su marido con otro camarada, Joaquín Ordoqui, que además era uno de los mejores amigos del esposo ultrajado. Años más tarde, con motivo del sonado juicio que se le celebró a Marcos Rodríguez como autor de la delación de los mártires de Humboldt 13, Edith y Ordoqui terminaron implicados en dicho crimen, que se conoció popularmente como "el caso Marquitos", acusados de haber protegido al delator en México e incluso de haberlo animado a olvidarse de ese asunto después que él mismo les confesó que había denunciado al capitán Esteban Ventura Novo el lugar donde se escondían Fructuoso Rodríguez, Joe Westbrook, Carbó Serbiá y Machadito tras el doble ataque al Palacio Presidencial y la emisora Radio Reloj, donde también murió José Antonio Echeverría, máximo líder en ese momento del Directorio Estudiantil Revolucionario. Como añadido a la turbia conducta del dúo Ordoqui-Buchaca, queda mencionar la igualmente turbia sobrevivencia de Carlos Rafael Rodríguez, que de algún modo tomó venganza en esa ocasión de las injurias que había sufrido mucho antes.

La historia de todos estos sucesos está como hilvanada, de modo que si uno los observa con atención prácticamente se puede confeccionar un mapa donde no se pierde el menor detalle. Resulta indudable que los comunistas no sólo eran pragmáticos, sino que como grupo, movimiento social y organización política funcionaban con gran acierto y sabían cómo manejar al enemigo, algo que muchas veces nos ha costado a nosotros mucho trabajo y posiblemente es por ello que todavía nos hallamos en condiciones de desventaja con respecto al poderío que ellos han mostrado.

Un problema de nomenclatura

En un momento determinado, por razones ya antes expuestas, la nomenclatura del partido Unión Revolucionaria Comunista necesitó cambiar de nombre, y de paso también influyeron los cubanos en otras organizaciones políticas de izquierda del área para que hicieran lo mismo; ellos estaban conscientes ya, por el año 1936 y 37, terminado el gobierno de Miguel Mariano Gómez y comenzando el de Federico Laredo Brú, ya en vías de que se empezara a trabajar en la Constitución de 1940, que si continuaban con una organización política que se identificara en su nombre como afiliada a la ideología comunista, eran totalmente incapaces de lograr el más mínimo apoyo popular. Fue ese el motivo principal que los indujo a escoger el nombre de Partido Socialista Popular, como ocurrió también en muchos países del área, a raíz de la Tercera Internacional, cuando muchas organizaciones comunistas asumieron el nombre general de Partido Socialista, adjuntándole el nombre de cada país en particular, o sea: Partido Socialista cubano, Partido Socialista peruano, Partido Socialista argentino, etcétera. O también con las variantes de Unión Socialista de lo que sea, Partido Socialista Obrero de tal o más cual sitio, Unión de Trabajadores Socialistas de aquí o de allá... Nombres todos que evitaban la calificación de comunista para así manipular a la opinión pública de manera más simple, para tranquilizar espiritualmente a quienes el vocablo comunista les podía resultar peligrosa. Ese concepto también lo aplicaron al crear la Coalición Socialista Democrática, por medio de la cual los comunistas lograron que Fulgencio Batista y Zaldívar fuera electo Presidente de la República de Cuba en 1940.

El trabajo realizado por los comunistas, que aún continúan desarrollando en la actualidad, es un trabajo muy inteligente, muy bien hecho y con una metodología extremadamente ortodoxa, marxista-leninista, aunque despojada ya de la agresividad que era patente en años anteriores, cuando la influencia stalinista era dominante. Ellos se percataron de que era necesario ser dialéctico, como sucedió después de la Tercera Internacional, al plantearse que cada país debe de ocupar dentro del movimiento comunista internacional lo que a cada momento le es importante en esa situación; eso demuestra que, por encima de todo, ellos son pragmáticos, mucho más pragmáticos que todos las demás organizaciones políticas, aunque siempre también guardando como base primera la temática férrea de la ideología comunista. Son capaces de hacer concesiones siempre que no dañen realmente sus intereses fundamentales.

Después del cambio de nombre de Unión Revolucionaria Comunista por el de Partido Socialista Popular, que se debió fundamentalmente a una propuesta de Juan Marinello, a pesar de que otro de los más influyentes dirigentes de los comunistas cubanos en aquel momento, Aníbal Escalante, estaba en contra de esa modificación, se produjo en el mismo seno de la organización una leve, aunque peligrosa disidencia hacia el troskysmo, que estuvo encabezada por Roberto Pérez Santiesteban; esta crisis, ligera, no llegó a mucho, fue en extremo limitada, pero es necesaria analizarla para comprender cabalmente cómo se desarrollaron las ideas del socialismo en Cuba durante todo ese período. Pérez Santiesteban era un miembro del llamado Movimiento Socialista Revolucionario que lo funda, alrededor del año 1947, Rolando Masferrer y Rojas… También fue cierto que el troskysmo llegó a ser un factor de importancia dentro de estos grupos de tendencias socialistas, y de hecho la historia nos cuenta que, finalmente, cuando esa influencia despareció, Pérez Santiesteban se fue de Cuba y actualmente ejerce como profesor en algún país de América Latina, y sería bueno recordarle que, a pesar de que ese grupo o movimiento al que perteneció lo fundara Masferrer, el troskysmo en Cuba existió desde mucho antes, pues debe tenerse en cuenta que después que termina la Guerra Civil Española, en 1939, se desplazaron hacia América una serie de dirigentes españoles de izquierda que apoyaban a la República, y uno de ellos, cuyo nombre era José Manuel Porto Pena, se establece en Cuba. Porto Pena, miembro de la fuerza de choque de la Juventud Troskysta, que ya dirigía en la isla en aquel momento Masferrer, efectuó un acto en el Teatro Principal de la Comedia el 30 de septiembre de 1940, acto que fue boicoteado por un grupo de jóvenes anticomunistas. No puedo dejar escapar la oportunidad de señalar que esta fue la primera vez que coinciden en nuestra historia dos personajes que después fueron enemigos y que además la vida los llevó por rumbos muy diferentes, aparte de resultar ambos bien conflictivos; uno de ellos fue mi tío, Orlando León Lemus, y el otro fue el señor Emilio Tró Rivera. Coinciden ambos en el Principal de la Comedia porque ambos eran definitivamente anticomunistas, lo que incluía en ese momento también a otras tendencias socialistas como el troskysmo. Y allí, en la celebración troskysta del teatro Principal de la Comedia, se produjo una batalla a tiros en contra de Masferrer que concluyó con varios muertos, entre ellos José Manuel Porto Pena. El movimiento troskysta, que como se apuntó antes sólo fue una influencia limitada en nuestro quehacer político durante ese tiempo, sí tuvo un factor determinante en la figura de Rolando Masferrer, quien se convirtió desde el punto de vista historiológico en una alternativa con la creación de su periódico que se llamó Tiempo en Cuba, que de alguna manera se enfrentó al periódico comunista Hoy que había sido fundado en el año 1941 durante el primer gobierno de Batista.

Conjuntamente, debe señalarse que el movimiento sindicalista obrero nace en virtud del trabajo que hizo la Comisión Nacional Obrera de Cuba, dirigida por el Partido Socialista Popular, y al frente de la cual estaba Lázaro Peña, el líder más capacitado que tuvo el movimiento obrero no sólo en Cuba sino también en el resto de América.

La Guerra Civil Española, y los resultados de lo que estaba ocurriendo entre los Estados Unidos de América e Inglaterra y Alemania, trajo a colación de que líderes que eran muy disímiles en su manera de pensar, como Stalin, Churchill y Rooselvert, llegaran en un momento determinado a ponerse de acuerdo, a tomar decisiones comunes en algunos aspectos. Y a resultas de esto el movimiento comunista de la isla podía permitirse el lujo de manejar un sinnúmero de aspectos, en particular con referencia a las artes, a los medio de comunicación, a los deportes, que sin duda permitió, a pesar de que a muchos los cogió de sorpresa, el triunfo de una revolución como la que encabezó Fidel Castro. Una gran cantidad de figuras, que no eran conocidas como militantes comunistas, salen a la palestra pública a partir de 1959 por ese motivo. Y si se recuerda, además, que todo lo que fuera disidencia o enfrentamiento hacia esas figuras y a las ideas que profesaban estaba prácticamente prohibido o incluso penado, es obvio que ya desde entonces se veía claro el derrotero a seguir por el régimen castrista.

Parece claro que el cambio de nombres de las diferentes organizaciones marxistas-leninistas que han existido en Cuba desde 1925 hasta la actualidad no han variado en lo absoluto el objetivo fundamental que cada una de ellas se ha propuesto: la imposición de una doctrina ajena, represiva e inepta a nuestro pueblo. Precisamente el enemigo que debemos enfrentar, aunque se enmascare de cualquier manera posible y adopte los nombres que puedan parecer más inofensivos.

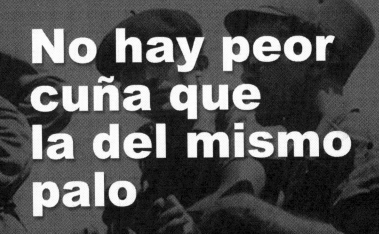

La plataforma política del Partido Revolucionario Cubano (Auténtico), que tenía una concepción puramente social demócrata, nace de la respuesta de la Segunda Internacional Comunista que después se convirtió en un movimiento social demócrata al cual el propio Ioseph Stalin le tenía, al mismo tiempo, un desprecio enorme y un enorme miedo. Stalin no solamente no soportaba a los social demócratas de Cuba, sino a los de ningún otro país, sencillamente no soportaba nada que tuviera que ver o se pareciera en algo al concepto mismo de la social democracia.

Los elementos demócratas de la República de Cuba, que eran pocos en aquel entonces, no sabían tampoco cómo enfocar correctamente lo que estaba ocurriendo en el país, de manera que teniendo presente que el movimiento sindical obrero en sus comienzos era fundamentalmente importante para la creación y organización de las organizaciones de masas, sentaron las bases de una labor que hizo la antigua Unión Revolucionaria Comunista y más tarde el Partido Socialista Popular durante su etapa de consolidación como organización comunista; en realidad fue el PSP, en la persona de Lázaro Peña, el que básicamente pudo unificar todos aquellos grupos y gremios para organizar de una manera especial las diferencias existentes. Por ejemplo, en otros países se daba el caso de que había muchos grupos diferentes de obreros y también diferentes centrales sindicales con orientaciones políticas antagónicas, porque los había con tendencias liberales, conservadores, socialistas y de cualquier otro tipo. En Cuba no ocurrió así, porque en Cuba se creó una central única que estuvo controlada por los comunistas y que Peña manejó con mano dura aunque de manera muy inteligente.

Este movimiento sindical proletario, superó en mi opinión la labor que llevó a cabo Vicente Lombardo Toledano, presidente de la Central de Estudios de Trabajadores de América Latina (CETAL) en el resto del subcontinente, y que en última instancia era un apéndice de la Federación Sindical Mundial de orientación totalmente stalinista, que de hecho regía en muchos aspectos los países de Centro y muchos de Sur América.

A pesar de que hay mucha gente que no quiere recordar lo que de verdad sucedió en la isla con relación al movimiento sindical obrero –tal vez porque no les conviene mucho recordarlo– lo que realmente le puso punto final a la hegemonía del comunismo en dicho sector, fue la Comisión Obrera del Partido Auténtico, labor que llevó a cabo fundamentalmente un gigante de dicha época que se llamó Manuel Antonio de Varona y Loredo, como he dejado constancia en una anterior oportunidad. Como también he señalado, Varona tuvo en esa ocasión la colaboración incondicional del coronel Fabio Ruiz Rojas, de quien supe aquí en Miami que al cabo de los años se había graduado como abogado antes de morir en el exilio, teniendo la oportunidad de haber conversado muchísimo con él y compartir con él la historia del movimiento auténtico, al cual también he estado íntimamente ligado por años, no sólo por admiraciones personales, sino por admiración especial a un tremendo programa político y de trabajo social que posiblemente pocos partidos en el mundo hayan llevado a cabo; quizá el aprismo peruano en un inicio se acerca un poco a los logros del autenticismo en Cuba, sólo que más tarde experimentó una fuerte disidencia a favor de las ideas comunistas, de donde procedió Hilda Gadea, que fue la primera esposa de Ernesto Che Guevara y según muchos también su primera mentora política. Pero esa es otra historia, a la cual también me he referido con suficiente amplitud.

Cuando Manuel Antonio de Varona y otros dirigentes máximos del Partido Auténtico se percataron de lo que estaba pasando con los comunistas, decidieron de inmediato desalojarlos de la CTC y lo llevaron a cabo sin muchas dificultados, en el año 1947, gracias a participación decidida de la Comisión Obrera de la organización, manejaba entonces por el señor Eusebio Mujal. Curiosamente Mujal era un ex comunista. Y se podría añadir que era un hombre voluble y acomodaticio, que cambiaba de ideología política como podría cambiar de camisa, pues después de haber abandonado el Partido Socialista Popular y de aliarse a las huestes del autenticismo para combatir a sus viejos camaradas, a partir de 1952 hizo otro punto de giro y se entregó al general Fulgencio Batista, permaneciendo sin siquiera animar a la potente clase obrera cubana para que saliera a protestar en la calle por el artero golpe de estado que interrumpió sin justificación alguna el ritmo institucional de la nación.

Con el proceso legítimamente revolucionario que llevó a cabo el Partido Auténtico dentro del proletariado cubano no cabe la menor duda que nuestro país se conviertió en una alternativa muy peligrosa para el movimiento obrero comunista internacional porque habían perdido el control en ese sector que es de vital importancia en su quehacer político.

Eusebio Mujal, tal vez porque había sido un militante del comunismo, sabía cómo trabajar contra sus antiguos camaradas, haciendo bueno ese refrán que asegura que la peor cuña es la del mismo palo. De todos modos, no existe duda alguna de que fue un dirigente que manejaba muy bien la inteligencia y la contrainteligencia desde el punto sindical, y que llevó a cabo con excelencia la tarea de separar a los comunistas del movimiento obrero sin que esto significara que lo limpiara de esas ideas totalmente; la verdad es que la clase proletaria siempre tuvo en Cuba una fuerte presencia izquierdista, socialista o comunista, pues fueron justamente los representantes de esas tendencias quienes primero organizaron el movimiento obrero en nuestro país, integrado en esos tiempos por socialistas rezagados, anarco-sindicalistas y gente que estaba prácticamente sin una base solidaria ideológicamente. Es correctamente histórico aceptar que fue el Partido Socialista Popular, bajo el liderazgo de Lázaro Peña, el que logró que se unieran todas esas voluntades a favor del ideario comunista, controlando de ese modo al sector obrero del país.

Cuando llega al poder Fidel Castro en 1959, después que algunas figuras del Movimiento 26 de Julio se ocuparon durante los primeros años de dirigir la Central de Trabajadores Cubanos, retorna a ese puesto un veteranísimo y muy avezado comunista en dichas tareas, el mismo Lázaro Peña que la había fundado y quien se mantuvo al frente del sindicalismo obrero cubano hasta su muerte.

A lo mejor me voy a referir a continuación a un aspecto de estos asuntos que a algunos les resulte incómodo. Y lo voy a asumir como un ejercicio anatómico o fisiológico del cerebro, para que algunos expriman un poco sus neuronas y se dediquen a pensar al menos un instante.

No me atrevería a afirmar que lo que aprendí con todos los hombres que he venido citando y con los que he tenido una relación enorme de afecto al mismo tiempo que de discusión política abierta, me haya llevado a la conclusión de considerar que el señor Fidel Castro no era específicamente un verdadero comunista desde los tempranos días del triunfo insurreccional, o desde mucho antes como afirman varios que se han ocupado de este asunto. Tampoco me atrevería a afirmar que le creí del todo al llamado Comandante en Jefe de la Revolución Cubana cuando en 1961 no sólo se declaró oficialmente marxista-leninista, sino que de paso agregó que siempre lo había sido y que lo seguiría siendo hasta su muerte, suceso que muchos esperan con fervor pero que no ha llegado a concretarse.

Creo que al igual que a mí le ocurrió a un individuo llamado Boris Polmariov, que en la fecha señalada arriba era jefe del Departamento Internacional del Partido Comunista de la URSS y que al escuchar semejante declaración convocó a un mitin de emergencia: quería saber con toda urgencia quién era ese cubano que acababa de hacer una declaración de principio ideológico tan definitiva porque el casi ni sabía su nombre. Así que si este alto funcionario comunista soviético no estaba enterado de que Fidel Castro era comunista, únicamente el propio Fidel Castro podría estar enterado de secreto tan bien guardado.

En definitiva yo estimo que Fidel Castro, como tantos otros políticos que ha dado Cuba, como el mismo Eusebio Mujal o Fulgencio Batista, no podría definirse como un comunista legítimo; si tuviera que ubicarlo dentro de una ideología política determinada, lo situaría como un socialista, un nacionalista o incluso un fascista, aunque con gran delirio de grandeza que constantemente desea mostrar su carácter iconoclasta, en contra de todo lo que estaba establecido. En sus discursos, desde los primeros tiempos, se advierte más el estilo de Mussolini o Adolfo Hitler que el de Lenin o Ioseph Stalin, aunque en todos aparece como denominador común un feroz rencor al gobierno y al pueblo norteamericanos.

El actual dictador cubano, su hermano Raúl, posiblemente desde muy joven sí tenía una tendencia más pronunciada al marxismo-leninismo, ya que desde entonces andaba coqueteando con la Juventud Comunista y tratando de entrenarse desde el punto de vista teórico en ese sentido.

Como quiera que sea, la realidad es que los comunistas siempre han sido muy escurridizos, al punto que han sabido en toda ocasión adaptarse a las circunstancias, que es una característica esencial de los políticos pragmáticos. Sin embargo, en honor a la verdad habría que especificar que sus militantes tradicionales mostraban de algún modo un apego y respeto a la ideología que profesaban que no está presente en la trayectoria siempre interesada de los Castro.

Los miembros del Partido Socialista Popular, por ejemplo, jamás hicieron una declaración oficial en contra de Batista, lo que además de ser habilidoso o incluso inteligente desde el punto de vista político en ese momento, también respondía a que se trataba de un antiguo aliado de ellos en el pasado. Considero que esta actitud cuidadosa se debió a por lo menos dos factores: primero, porque no podían hacer otra cosa que esperar a ver cómo se desarrollaban los acontecimientos después que se había tomado el campamento de Columbia sin prácticamente resistencia alguna; segundo, y en apariencia el más importante, porque seguramente ya habían negociado con un ex camarada como Mujal que la clase obrera no se botara a la calle u organizara una huelga general en protesta del golpe de estado. Además de otro elemento de gran importancia, pues a los comunistas les convenía no apoyar en ningún sentido y quitarse de arriba a los que eran sus verdaderos enemigos históricos, a los líderes del Partido Auténtico, representados en ese momento por Carlos Prío Socarrás, presidente de la nación que había sido expulsado del poder por la asonada batistiana. No pongo en duda que en ese momento la dirección del PSP debió pensar de la manera pragmática que han acostumbrado a pensar siempre, que si le quitan de en medio a su enemigo bienvenido sean los que lo han llevado a cabo, desentendiéndose de que para lograr ese propósito interrumpieran el proceso constitucional del país a sólo 90 días de una elecciones generales. Es probable que también pensaran, como se hizo evidente a finales de 1957 cuando seleccionaron a algunos de sus militantes para que se incorporaran al movimiento insurreccional, que más adelante podrían negociar o en todo caso emprenderla de modo más radical contra el régimen batistiano, que en última instancia fue el camino que siguieron.

Una vez más los comunistas, siempre muy prácticos, o en todo caso muy dialécticos. optaron por acomodarse a los acontecimientos y aceptaron primero el golpe militar, a continuación el Consejo Consultivo, los Estatutos Constitucionales del llamado "viernes de dolor" que fue un asalto a la Constitución del 40 y todos los otros desmanes sociales, políticos y económicos que se llevaron a cabo en el país con la dictadura batistiana.

Hay un hecho muy interesante en ese sentido que es bueno destacar, ya que el movimiento obrero cubano no se destacó por su agresividad ante el Golpe del Diez de Marzo, con excepción de los grupos auténticos u ortodoxos que mantuvieron todo el tiempo una actitud frontal ante Batista, ni tampoco o mucho menos a partir de que Fidel Castro bajó de la Sierra Maestra y en particular cuando Lázaro Peña retornó a dirigir el sindicalismo obrero cubano, pues hasta entonces los comunistas se mantuvieron agazapados, como esperando el momento de hacerse presentes, a través del propio Lázaro Peña, de Jorge Risquet, de Blas Roca o de Carlos Rafael Rodríguez, pero manteniendo a la clase obrera y trabajadora en total control porque era muy importante que en esos momentos no se produjera la más mínima situación que interrumpiera, alterara o pudiera tomarse como adverso al proceso que estaban promoviendo los hasta hacia poco guerrilleros rebeldes de la Sierra Maestra. Los comunistas esperaron de nuevo con toda paciencia para insertarse dentro del régimen castrista, tan de facto como el batistiano, pero con un aura de redención nacionalista, supuestamente patriótica, que confundió no sólo a los cubanos, sino además a los hermanos pueblos latinoamericanos y a muchos otros del resto del mundo; en el fondo lo que ellos deseaban, y de hecho lo consiguieron, era tener asegurado un puesto en este nuevo, convulso y hasta cierto punto inusitado proceso revolucionario en la isla. Si la actitud de los comunistas hubiera sido otra, tanto a partir de 1959 como en 1952, si en verdad hubieran defendido en la práctica lo que teóricamente supuestamente defendían, valores capitales como la auténtica justicia social, la redención de la clase obrera y la intransigencia ante la corrupción, por citar nada más que los más esenciales, los resultados habrían sido muy diferentes, alcanzando las metas que se propuso la Generación del 30 y que un poco más tarde comenzó a poner en práctica el Partido Auténtico, el diseño de una patria con todos y para el bien de todos, como lo había soñado José Martí.

Sin separarme del todo de los temas históricos acerca del comunismo en la isla y de la influencia del mismo en el resto de los países del área que he intentado abordar en estos textos, me parece conveniente referirme aunque sea de paso a un asunto que a simple vista puede resultar ajeno a estos planteamientos pero que en mi opinión es consecuencia directa del devenir social, político y económico que se ha producido y ha padecido nuestra isla desde hace tantos años.

Me estoy refiriendo al embargo económico que los Estados Unidos de América ha mantenido en Cuba durante un larguísimo período de tiempo y que los dirigentes cubanos en su particular jerga socialista llaman propagandísticamente "el bloqueo". Reflexioné acerca del embargo o bloqueo, como mejor les parezca a ustedes nombrarlo, producto de la visita que hizo a la ciudad de Miami la candidata a la presidencia del Partido Demócrata Hillary Clinton, ex Ministra de Relaciones Exteriores, ex senadora por New York, ex Primera Dama y todavía la actual esposa de otro inquilino de la Casa Blanca, Bill Clinton.

Estudiando someramente esta visita de campaña casi pensaría que es irónico que el Partido Demócrata de este país, que debiera representar los intereses clásicos de la democracia, de los derechos humanos, de la libertad en su sentido más general, lo que está haciendo es confabulándose para que la dictadura cubana de los hermanos Castro continué haciendo lo que le venga en gana en todo el mundo y en especial en Centro y Sur América y el Caribe, y que aún ejercita a pesar de que aparentemente está ahora en un momento de reposo, motivo por el que el presidente Barack Houssein Obama ha tomado la decisión de retirar a Cuba de la muy exclusiva y escasa lista de países terroristas. La aspirante a candidata para el cargo presidencial en las próximas elecciones por el Partido Demócrata, la ya mencionada señora Clinton, expresó en su visita a Miami con respecto a Cuba, entre alguna que otra tontería más, que no quedaba otro remedio que escoger entre el acercamiento o el embargo, declaración que es sumamente interesante en lo que lleva implícito estas dos palabras –primero, porque los acercamientos que se han hecho con la dictadura castrista incluyen a otros gobiernos anteriores y siempre han tenido el propósito de establecer algún tipo de comunicación mucho menos abierta con una dictadura que todavía mantiene un corte puramente stalinista, donde no existe la más mínima libertad ni se respetan los más elementales derechos humanos; segundo, porque con respecto al embargo se ha venido afirmando por años que el verdadero embargo a Cuba, o lo que el régimen castrista califica como bloqueo, quien lo tiene implementado en su propio país, y muy estrictamente planificado, es la familia Castro, sus dos más recientes dictadores, Fidel y Raúl, y los herederos del clan que ya comienzan a identificarse por sus nombre de pila... Clinton menciona embargo o acercamiento –que en este caso, sin duda alguna, resultan palabras o más bien decisiones excluyentes–, pero no se refiere para nada a un pueblo avasallado cuyo régimen no le permite ni siquiera la libertad de escoger entre varios partidos políticos, pues sólo existe uno, el Partido Comunista de Cuba, y todo lo que se especule en ese aspecto es del todo quimérico, ya que en la isla, como reza un chiste antiguo, todo lo que no es obligatorio está prohibido. Considero que es muy difícil, si no imposible, cualquier tipo de acercamiento entre dos polos tan opuestos como son la Cuba de hoy y los Estados Unidos de América.

Por otra parte, el embargo o bloqueo a la isla por los norteamericanos tiene sus características muy especiales y un largo proceso de ejecución que ya tiene también su propia historia . Por alguna razón muchos de los países de Latinoamérica, en diferentes votaciones en las Naciones Unidas, se han complotado para afirmar que nuestra isla sufre un bloqueo que en realidad va en detrimento del pueblo cubano; ahora bien, si se observa esta situación con ojos de visión clara lo que se ve es que la capacidad que tienen los cubanos para producir bienes de consumo, para autoabastecerse, va mucho más allá del supuesto embargo, y así lo ha demostrado por años a pesar de que el propio Castro casi iniciada la década de los 60 le impuso a su propio país otro embargo, un bloqueo interno que ha sido el más severo, extenso y perjudicial. Hay que tomar en consideración que cualquier individuo, por escasa que sea su inteligencia, siempre suele tener un mínimo de sentido común para darse cuenta de que antes del año 59 –aunque yo siempre me he declarado contrario a lo que sucedió en la Cuba de Batista desde 1952 a 1959–, la República de Cuba continuó existiendo de manera más o menos normal, como había ocurrido desde mucho antes, desde el 20 de mayo de 1902, con la instauración del país como nación independiente, superando los escollos que mellaron la democracia durante todos esos años. A pesar de muchos errores, a lo largo de esa etapa sí se produjo un desarrollo paulatino que llegó a situar a la República de Cuba en una posición envidiable en todo el continente americano. El pueblo cubano no tenía mucho de qué quejarse, no tenía absolutamente nada que ver con lo que estaban pasando otros pueblos hermanos del subcontinente; el pueblo cubano comía adecuadamente, rodaba los mejores automóviles, contaba con poderosas empresas de radio y televisión y prensa escrita, mandaba a sus hijos a la escuela, el movimiento obrero trabajaba con la mayor eficacia, las mujeres habían logrado rescatar sus derechos, el desarrollo de la medicina logró que la salud pública fuera de todos y no sólo de algunas capas privilegiadas de la sociedad... En resumidas cuentas, que si de algún modo se hubiera abierto una compuerta para sustituir un régimen de facto como el que implantó Fulgencio Batista en 1952 y los guerrilleros mandados por Fidel Castro no hubieran implantado otro régimen de facto desde el mismo primero de enero de 1959, sin duda la isla habría continuado progresando por el rumbo democrático, el rumbo que de manera tan exitosa puso en marcha el Partido Auténtico a partir de 1944 y que fue interrumpido por un golpe de estado unos ocho años más tarde. Para ese entonces Cuba ya no estaba limitada por ninguna Enmienda Platt, podía negociar con el resto de los países de América y del mundo, con Europa específicamente, como se hizo en el caso del diferencial azucarero; o sea, que con esa apertura y con la capacidad de trabajo y el desarrollo industrial que se había logrado, no teníamos por qué caer en la indigencia en que nos ha sumido el régimen castrista durante más de medio siglo. Lo más fácil es quitarse la responsabilidad de encima y tomar como excusa cualquier situación que hayamos padecido. En este caso se está acusando a los norteamericanos por el tan cacareado bloqueo. Y lo más grave sería que nosotros vayamos de una manera indirecta o una manera no muy juiciosa a intentar negociar o abrir las compuertas para este gobierno unipersonal, y que le demos a ellos una cantidad de dinero para que sigan pisoteando y sojuzgando al pueblo cubano. Si entendemos en verdad lo que está ocurriendo, tendríamos que darnos con un martillo en la cabeza para preguntarnos por qué estamos haciendo esta barbaridad. Y en realidad la mayor preocupación al respecto podría resumirse en una sola pregunta: ¿qué es lo que busca Cuba en estas negociaciones?... Así como los hombres que lograron la libertad de nuestra patria del dominio español se preguntaron entonces qué es lo que quieren los norteamericanos, ahora nosotros debemos preguntarnos qué es lo que quieren los cubanos, o más bien qué es lo que quiere la dinastía de los Castro que detenta el poder en la isla desde el pasado siglo. Esa es la incógnita que es necesario despejar.

No parece ser ningún secreto que el régimen castrista querría, en primer lugar, lograr la apertura al mercado internacional, pues para ellos es necesario en este momento comerciar y negociar con todo el mundo, especialmente con los Estados Unidos de América, como fue siempre y como no debieron dejar de hacer en ningún momento; fue completamente insensato que apoyándose en la peregrina idea guevarista del hombre nuevo se congelara el intercambio con los norteamericanos y concluyera ese experimento destruyendo sin pausa aunque con toda la prisa necesaria un país completo. Yo advierto en todo este proceso un odio tremendo del clan Castro, con Fidel al frente, no únicamente hacia los Estados Unidos de América sino hacia su propia nación, hacia el pueblo que deberían representar, o mejor aún hacia lo que había sido la exitosa construcción de la República de Cuba, la cual se han empeñado en aplastar con un afán verdaderamente maligno, añadiría yo. Y por supuesto a los norteamericanos, que al fin y al cabo no les perjudica en lo más mínimo que Cuba haga lo que se le antoje porque cuentan con un sistema democrático muy bien establecido, no creo que lo que suceda en el futuro con el embargo les preocupe demasiado; al régimen castrista sí, porque están urgidos de dinero y el levantamiento del mismo significaría en primer lugar poder volver a comerciar con el gran vecino del norte, al cual han vilipendiado durante muchos años pero al que ahora ven como la tabla de salvación de su miserable economía, al que podrían exportar sus productos a los mejores precios –de nuevo el azúcar, el níquel y el tabaco, por ejemplo, podrían fomentar la riqueza nacional, y sin perder de vista que aparte de estos productos también tendrían la posibilidad de exportar con más dinero y más tranquilidad, tanto por parte del régimen como por parte del pueblo, sus ideas socialistas o comunistas, que ellos llaman revolucionarias, a otros países de nuestro continente o de cualquier otro sitio del planeta. El fraude, el robo, el engaño y, en realidad, lo que para ellos sería la nueva virtud del movimiento Castro-Guevarista podría esparcirse una vez más y con más fuerza por todas las latitudes. También, y en mi criterio es otra de las ventajas inmediatas que los que dirigen hoy los destinos de Cuba andan buscando, es que los viajes a la isla no tengan restricciones de ningún tipo, no de allá para acá, sino específicamente de aquí para allá, a pesar de que ya hace años que los turistas europeos visitan a la isla sin impedimento alguno, porque en realidad no representan un turismo capaz de producir ganancias considerables, como lo sería el turismo yanqui o gringo, que es como lo llaman ellos, los americanos, porque esos sí tienen billetes y están dispuestos a gastárselos. Referirse de ese modo con relación a un país del que han hablado mal por casi una eternidad, al que han despreciado por tantos años, supone una hipocresía social, política y más que nada económica que nadie debería ser capaz de ignorar. En este caso habría que referirse al propio presidente estadounidense Barack Obama, a quienes incluso los actuales dirigentes de la isla se han cansado de criticar y ahora ha decidido tenderles la mano para que de algún modo sean reconocidos.

En mi opinión todo este entendimiento, que incluye restablecer las vías de comunicación entre ambos países y en especial aumentar las posibilidades del pueblo cubano para tener acceso con el resto del mundo a través de los nuevos avances de la tecnología, no creo que resulte tan sencillo que se haga realidad en breve plazo... ¿Por qué? Pues, ante todo, porque no estimo que sea fácil acceder a la tecnología norteamericana. Pienso ahora en los chinos, que se han dedicado a espiar en particular en este sector y no han podido alcanzar grandes logros. De todos modos el régimen cubano lo va a intentar también, pues para el Castro-Guevarismo representaría una posibilidad de infiltración aún más científicamente desarrollada, más sutil, ya que podría apelar a métodos más subliminares, con mayor efectividad en su organización, sobre todo en lo que se refiere a los países de Centro y Sur América y el Caribe. Pero sucede además del aspecto señalado, que hoy en día la tecnología es de capital importancia en las inversiones extranjeras...

Y vuelvo a insistir en este punto porque estimo que al castrismo, en última instancia, no le interesa mucho que inviertan en la isla los españoles, los italianos, los ingleses o cualquier otro país de Europa, sino más bien que inviertan los norteamericanos, porque Cuba debe de afrontar con mucha seriedad lo que en estos momentos está en juego con estas nuevas negociaciones con USA, y más que por otra causa, por la amenaza que ellos han representado como un poder desestabilizador para la región, no únicamente por lo que se ha hecho público, sino por otras muchas acciones de ese tipo que todavía se desconocen, pues sabrá Dios cuántos de los inmigrantes que han llegado a este país por cualquier vía y de cualquier país que procedan, podrían ser agentes infiltrados del régimen cubano. O sea, que el daño tan violento que el régimen castro-comunista ha llevado a vías de hecho contra la nación norteamericana todavía está por ser analizado en profundidad y lograr un saldo verdadero del perjuicio que ha provocado en muy diferentes aspectos a la sociedad estadounidense; además de lo que todos sabemos al respecto, el régimen cubano ha puesto en marcha una verdadera invasión a las universidades de los Estados Unidos de América y ha conseguido negociaciones brillantes a través de una serie de organizaciones con la temática del intercambio social y político para el mejoramiento de la juventud, que sin duda podría aplicarse con toda justicia a los que vienen de allá para aquí, para que así los muchachos cubanos que nos visitan puedan apreciar con más claridad la porquería en que han vivido ante los avances de todo tipo a los que pueden acceder en territorio estadounidense. Poner fin al bloqueo o embargo puede representar para los que continúan mandando en la isla un verdadero peligro, por lo que muchos estudiosos del tema han llegado a la conclusión que son ellos los primeros que subterráneamente han tratado de evitarlo.

En definitiva lo que más me preocupa de este nuevo rumbo que han emprendido ambos países, es que el gobierno norteamericano no posean la perspicacia suficiente para descubrir una vez más la astucia que han mostrado los dirigentes comunistas cubanos en hacer que sus ideas sobrevivan bajo cualquier circunstancia. Las palabras de Hillary Clinton con referencia a optar, como únicas dos posibilidades, por el embargo o el acercamiento con Cuba, debían ser más explícitas, más serias, más juiciosas, ya que la historia ha demostrado plenamente que hay que tener mucho cuidado en acercarse a los Castro.

La nueva clase del castrismo

Valdría la pena hacer un inventario de todos los daños que Fidel Castro le ha inferido a los Estados Unidos de América desde 1959. Yo imagino que cuando él visitó por primera vez este país como líder de la entonces revolución cubana "tan verde como las palmas" y vio las fotos y las estatuas de Washington, de Jefferson, de Lincoln, de los fundadores de esta nación, ya tenía en mente convertirse en un antagonista de esas figuras representativas de la más alta democracia; como se jactaba de afirmar en esos momentos, una mentira absoluta, la revolución se había llevado a cabo para que Cuba no tuviera nunca más un amo, dejando entender que el amo de nuestro pueblo era lo que ya calificaba como el imperialismo yanqui. Nada más lejos de la verdad, ya que dejó pasar todas las oportunidades que se le presentaron para que así fuera.

Lo primero que debió hacer, y que jamás hizo, fue convocar rápidamente a unas elecciones para que se cumpliera la voluntad del pueblo que decía defender. Por supuesto que también debió restaurar lo antes posible la Constitución de 1940, lo cual tampoco hizo en más de medio siglo de poder total. Con tan solo estas dos medidas se hubiera abierto de nuevo el camino a la democracia en nuestra isla, aceptando el pluripartidismo como había funcionado siempre y asistiendo a las elecciones por el partido que mejor le pareciera; lo más seguro, de acuerdo a mi criterio, es que Fidel Castro hubiera alcanzado la victoria en ese momento pleno de fervor revolucionario. Lo que sucedió, al parecer, es que se percató de que por esa vía, ya retomado el ritmo institucional del país, le sería muy difícil arremeter contra lo que él consideraba el amo de nuestra patria, los Estados Unidos de América, representado en Washigton, Jefferson, Lincoln y los demás próceres norteamericanos cuyas fotos y estatuas había visto en el viaje antes mencionado. El odio de Castro hacia la democracia gigante del norte lo condujo no a destruir ese país, sobre el que apenas alcanzó unas cuantas victorias pírricas, sino a la propia isla en que nació, que desde muy poco tiempo después de su asunción al poder transfiguró en tierra de miseria.

Hubo una coyuntura histórica en que Castro pareció no tener más remedio que afiliarse a los mayores enemigos de los Estados Unidos de América, a los soviéticos, al comunismo, que en verdad tenía muy poco que ofrecer en cuanto a auténtico desarrollo social, político y económico. Si se analiza minuciosamente esta situación se llega la conclusión que en 1959 los cubanos gozaban, a pesar de las dificultades sufridas durante la dictadura batistiana, de una calidad de vida mucho mayor que la de los ciudadanos de la Unión de Repúblicas Socialistas Soviéticas, considerada en ese momento la segunda potencia mundial.

Lo que en realidad ha sido bien importante, y es lo que en última instancia hay que continuar denunciando, es la salvaje violación de los derechos humanos que ha implantado el régimen castrista desde su misma ascensión al poder: fusilamientos por juicios sumarísimos, cárceles repletas de presos de conciencia, torturas de toda índole a los que disienten, ausencia total de asesoría legal a los mismos... Junto a lo señalado, y donde no he incluido un elemento tan esencial a la libertad individual como el derecho al trabajo y a un salario digno, la tan elogiada revolución cubana por los grupos de la izquierda de América Latina y el Caribe, ha transfigurado a los cubanos en un pueblo no solamente hambriento, sino además constantemente vigilado, donde una cúpula de comunistas delincuentes ejercen el máximo control sobre sus ciudadanos. La doble moral de los cubanos de hoy que viven en la isla se hace notoria cuando visitan este país, donde se sienten un poco más libres para afirmar que están sufriendo las mayores calamidades imaginables, desde que no tienen si siquiera una aspirina para aliviar el dolor de cabeza hasta que en muchas ocasiones no les queda otro remedio que irse a dormir con el estómago vacío, ya que esas bendiciones que debían ser para todos solamente las disfruta la clase privilegiada que se mantiene en el poder.

Esta clase privilegiada, que funciona imponiendo la discriminación interna, el verdadero y más férreo bloqueo que el castrismo lleva a cabo, y que es el responsable máximo de esta situación, no el embargo norteamericano, en mi criterio tiene mucho que ver con el racismo, que jamás debió haber existido en nuestro país; no voy a negar que a pesar de que siempre ha estado presente en Cuba un viso de racismo, lo que está ocurriendo hoy en día en ese sentido es muy diferente. La creación de esa clase privilegiada a que he hecho mención estableció la ausencia de las libertades civiles de la gran mayoría de los que aún viven en la isla, muchos de ellos negros, bajo una dictadura absoluta y muy bien organizada, que maltrata de una manera brutal a sus ciudadanos, en especial a los que disienten, llegando incluso a la práctica del asesinato político, como ocurrió con Osvaldo Payá Sardiñas y algunos otros más. Al mismo tiempo, como si desearan para los hermanos países latinoamericanos el mismo destino atroz que para su propio país, el Castro-Guevarismo no cesa en difundir sus nefastas ideas en toda la región, armando y apoyando a grupos guerrilleros que en algunos casos ya han logrado alcanzar el poder. Las amenazas de los países socialistas del cono sur, la exportación de espías a todo el territorio americano incluyendo a los Estados Unidos de América, la supervisión militar a gobiernos como el de Hugo Chávez en Venezuela y el de Daniel Ortega en Nicaragua, la influencia de los partidos comunistas que en fecha tan lejana como 1950 se hizo sentir en Guatemala con el gobierno de Jacobo Arbenz, el desprecio mismo que esta clase privilegiada cubana y muy en particular la familia Castro muestra contra su pueblo, son más que suficientes para desmentir lo que afirmó la señora Clinton en su más reciente visita a Miami con relación al embargo norteamericano a la isla. Lo que en verdad ocurre es que Hillary Clinton conoce muy bien cuál es su juego y en realidad lo que está buscando con este tipo de declaraciones es recabar más votos, pronunciar al discurso que desea oír un sector de la sociedad norteamericana que aunque no esté muy enterada de lo que ocurre en nuestra patria continúa aun teniendo una actitud favorable hacia la misma.

    Gracias a Dios todavía existen países, como éste mismo al que aspira dirigir la señora Clinton, que representan una esperanza, o más bien una enseñanza, una especie de pantalla donde están reflejados los cimientos de la verdadera libertad, de la educación social, política y económica, de la ética que son los que podrían orientarnos por el camino de vuelta a la democracia.

El mejor ejemplo de esta nueva agenda del comunismo en Cuba está presente en nuestra propia isla y en muchos de los países de Latinoamérica, como es el caso particular de Venezuela, que antes de la miseria, el abuso y la corrupción más rampante en que están sumidos por causa del malsano ideario marxista-leninista, habían disfrutado no solamente del derecho a ejercer la libertad individual de sus ciudadanos, sino además de una independencia económica que estuvo basada en capitales propios, logrando una sólida estructura social basada en el trabajo y el desarrollo para explotar debidamente sus riquezas nacionales..

Después de haber llevado a cabo este análisis, creo que lo suficientemente exhaustivo acerca de la influencia nefasta del comunismo en el área latinoamericana, me parece oportuno añadir que también es hora de alertar a los futuros gobiernos norteamericanos para que pongan en marcha un detente ante este avance que hasta el momento no ha sido frenado ni combatido con el suficiente vigor. De ello no solamente puede depender el futuro de los mencionados países, sino el de los mismos Estados Unidos de América, pues la Cuba de los Castro, sea Fidel o Raúl quien esté al frente del país, continúa representando una amenaza contra la nación y el pueblo norteamericanos, el más sólido emblema de la democracia en todo el mundo.

FUENTES

ÁLVAREZ, Higinio: (Conversaciones grabadas)

ALLENDE, Salvador: "La vía chilena hacia el socialismo. Discursos" (1998)

BETTO, Frei: "Fidel y la Religión" (1985)

CACUCCI, Pino: "Los motivos por los que asesinaron a Julio Antonio Mella" (2005).

CAÑAS. Rafael: "La CELAC y China sellan una alianza modelo para el futuro" (Agencia EFE, 2015).

DÍAZ-VERZÓN, Salvador: "Cuando Castro se convirtió en comunista. El impacto en la política USA-Cuba" (1960 y 1979), "Historia de un archivo" (1961), "El enigma de un pacto contra nuestra libertad" (1995).

DOMÍNGUEZ MORERA, Nelson (Coronel Noel): "Anécdotas con Barba Roja-Manuel Piñeiro Losada")

ESTEBAN, Ángel y PANICHELLI, Setephani: "Gabo y Fidel: el paisaje de una amistad" (2013).

GARCÍA MáRQUEZ, Gabriel: "De Europa y América: 1955-1960" (1983), "Vivir para contarla" (2002).

HART SANTAMARíA, Celia: "¡Julio Antonio!... ¡Hasta después de muerto!" (2006).

HERNÁNDEZ, Félix José: "Entrevista telefónica París-Miami con Roger Redondo González (2011).

ICHIKAWA, Emilio: "Entrevista con Rubén (Papo) Batista" (2006.)

RANCEL, Carlos: (Conversaciones grabadas)

PÉREZ CISNEROS, Guy: "Discurso en la presentación del proyecto de Declaración Universal de los Derechos del Hombre" (1948).

PERÓN, Juan Domingo: "Carta al Movimiento Peronista con motivo de la muerte de Ernesto (Che) Guevara" (1967)

RUIZ ROJAS, Fabio: (Conversaciones grabadas)

VIANA, Israel: "La última conversación del Che con su captor, antes de ser ejecutado" (2013).

ZENDEGUI, Guillermo de: "Ambito de Martí" (1954), "Todos somos culpables"(1991).

Made in the USA
Columbia, SC
17 July 2021